全国银行业专业人员职业资格考试热题库

个人贷款（中级）

全国资格认证考试热题库编委会
邵冰　主编

策划编辑：陈希尔
封面设计：砚祥志远·激光照排

联系我们：
地址：辽宁省大连市沙河口区星海大厦
电话：0411-84669496
邮箱：retiku@retiku.cn

如有任何疑问
请联系客服人员

扫一扫，关注中国纺织出版社热题库系列

中国纺织出版社
热题库

中国纺织出版社
官方微信大众版

中国纺织出版社
官方微博

中国纺织出版社
天猫旗舰店

ISBN 978-7-5180-4021-6
定价：58.00元

中国纺织出版社
热题库

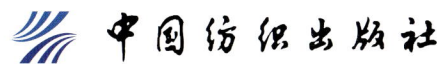
中国纺织出版社
全国百佳出版单位
国家一级出版社

内 容 提 要

本书主要依据中国银行业专业人员职业资格考试专业实务科目《个人贷款》（中级）科目要求而编写，内容涵盖思维导图、模拟试卷、热题库三部分，思维导图能够帮助读者理清复习脉络，模拟试卷可以帮助读者检测复习效果，热题库可以帮助读者逐一击破考试重点、难点及易错点，增强应试能力。

图书在版编目（CIP）数据

全国银行业专业人员职业资格考试热题库. 个人贷款. 中级 / 全国资格认证考试热题库编委会，邵冰主编. — 北京：中国纺织出版社，2018.1

全国资格认证考试热题库

ISBN 978-7-5180-4021-6

Ⅰ. ①全… Ⅱ. ①全… ②邵… Ⅲ. ①银行—从业人员—中国—资格考试—习题集 ②个人—贷款—中国—资格考试—习题集 Ⅳ. ①F832-44

中国版本图书馆CIP数据核字（2017）第219963号

策划编辑：陈希尔　　责任印制：储志伟

中国纺织出版社出版发行
地址：北京市朝阳区百子湾东里A407号楼　邮政编码：100124
销售电话：010—67004422　传真：010—87155801
http://www.c-textilep.com
E-mail: faxing@c-textilep.com
中国纺织出版社天猫旗舰店
官方微博http://weibo.com/2119887771
三河市延风印装有限公司印刷　各地新华书店经销
2018年1月第1版第1次印刷
开本：787×1092　1/16　印张：9.5
字数：207千字　定价：58.00元

凡购本书，如有缺页、倒页、脱页，由本社图书营销中心调换

纺织社资格考试系列热题库

全国银行业专业人员职业资格考试热题库

《银行业法律法规与综合能力》（初级）

《银行业法律法规与综合能力》（中级）

《风险管理》（初级）

《风险管理》（中级）

《个人贷款》（初级）

《个人贷款》（中级）

《个人理财》（初级）

《个人理财》（中级）

《公司信贷》（初级）

《公司信贷》（中级）

《银行管理》（初级）

《银行管理》（中级）

全国期货从业人员执业资格考试热题库

《期货法律法规》

《期货基础知识》

《期货投资分析》

全国证券从业人员执业资格考试热题库

《金融市场基础知识》

《证券市场基本法律法规》

全国基金从业人员执业资格考试热题库

《基金法律法规、职业道德与业务规范》

《证券投资基金基础知识》

《私募股权投资基金基础知识》

心理咨询师国家职业资格考试热题库

《心理咨询师》（二级）

《心理咨询师》（三级）

目 录

一、热题库使用说明

二、思维导图

  第一章 个人贷款概述

  第二章 个人贷款营销

  第三章 个人贷款管理

  第四章 个人住房贷款

  第五章 个人消费类贷款

  第六章 个人经营类贷款

  第七章 个人征信管理

  附录

三、模拟试卷

  《个人贷款（中级）》模拟试卷（一）

  《个人贷款（中级）》模拟试卷（二）

  《个人贷款（中级）》模拟试卷（三）

参考答案及解析

第一章 个人贷款概述

第一节 个人贷款的性质和发展

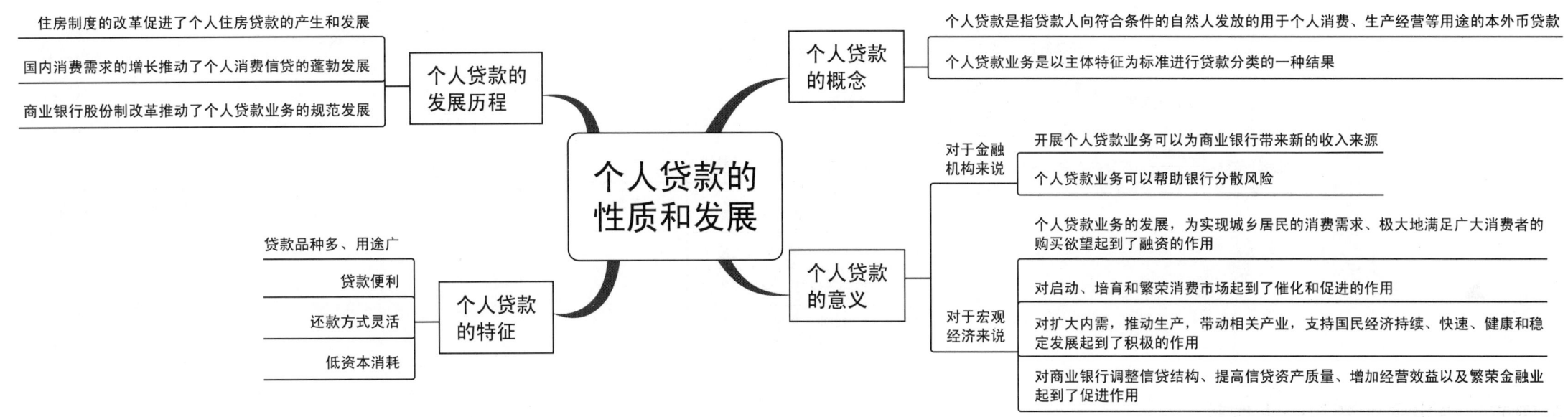

第二节 个人贷款产品的种类

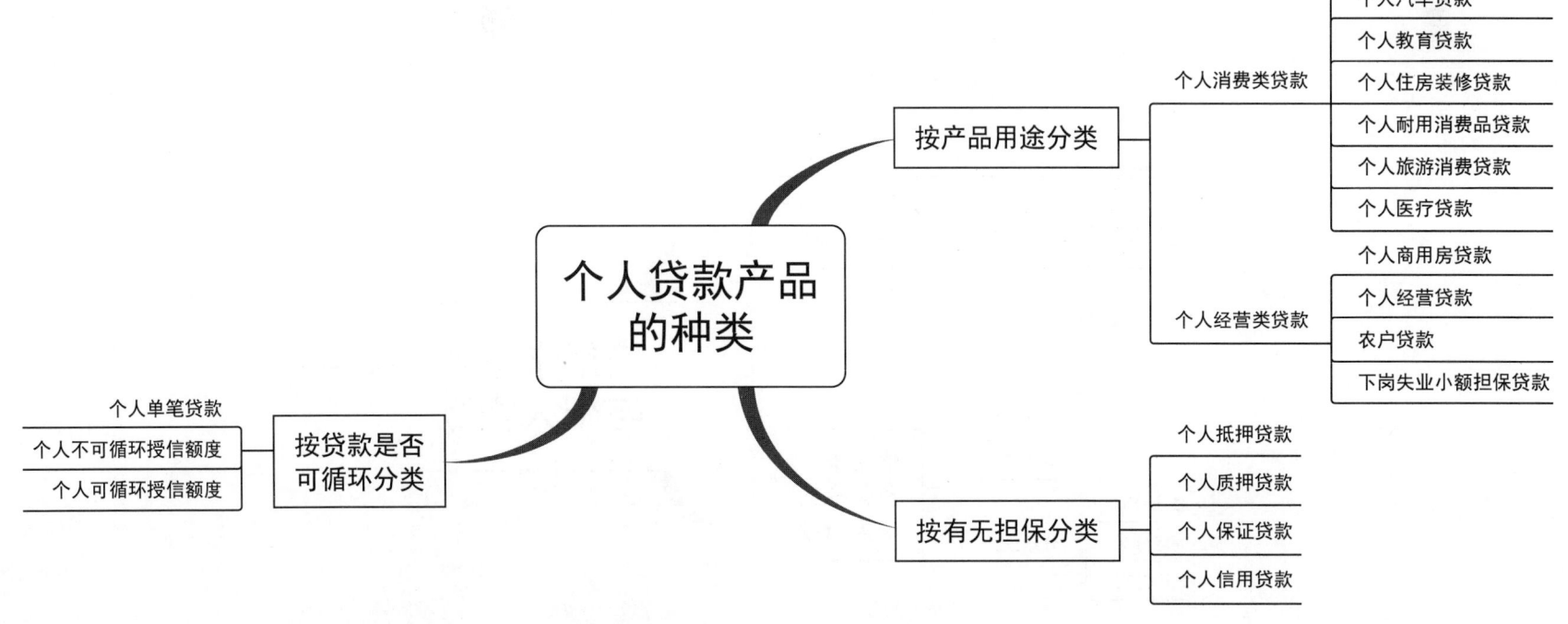

第三节 个人贷款产品的要素

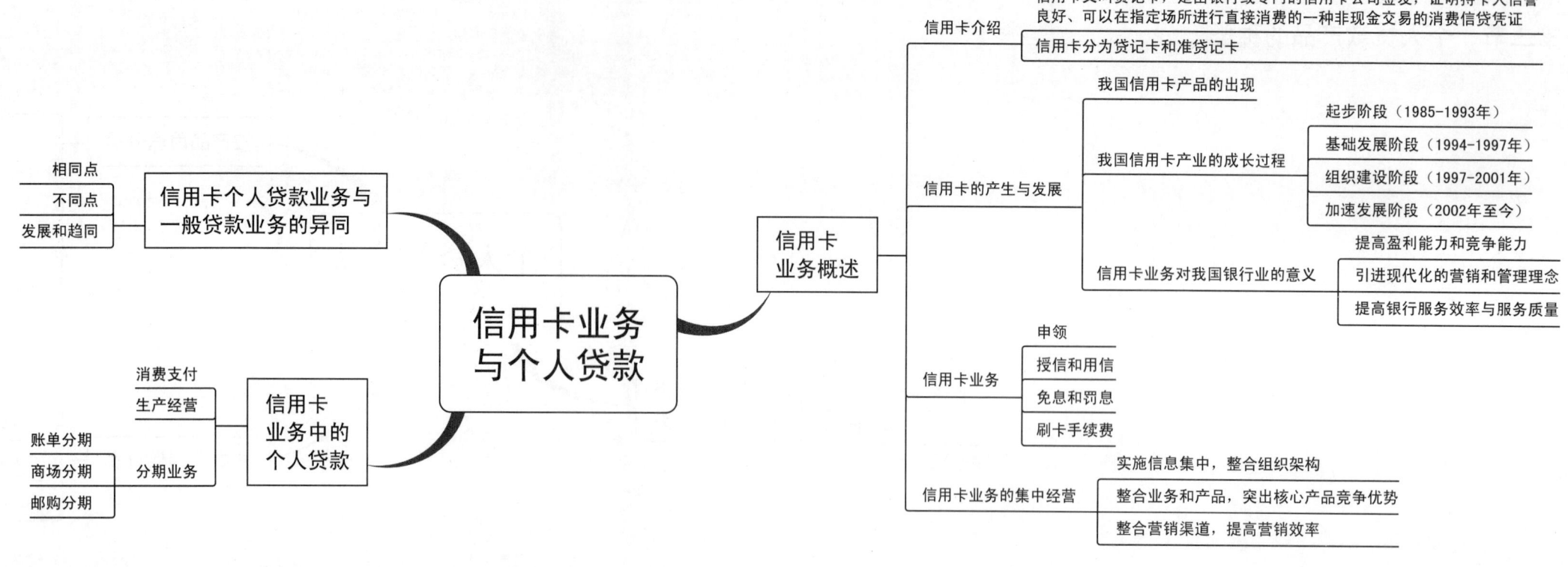

第四节 信用卡业务与个人贷款

第五节 互联网金融与个人贷款

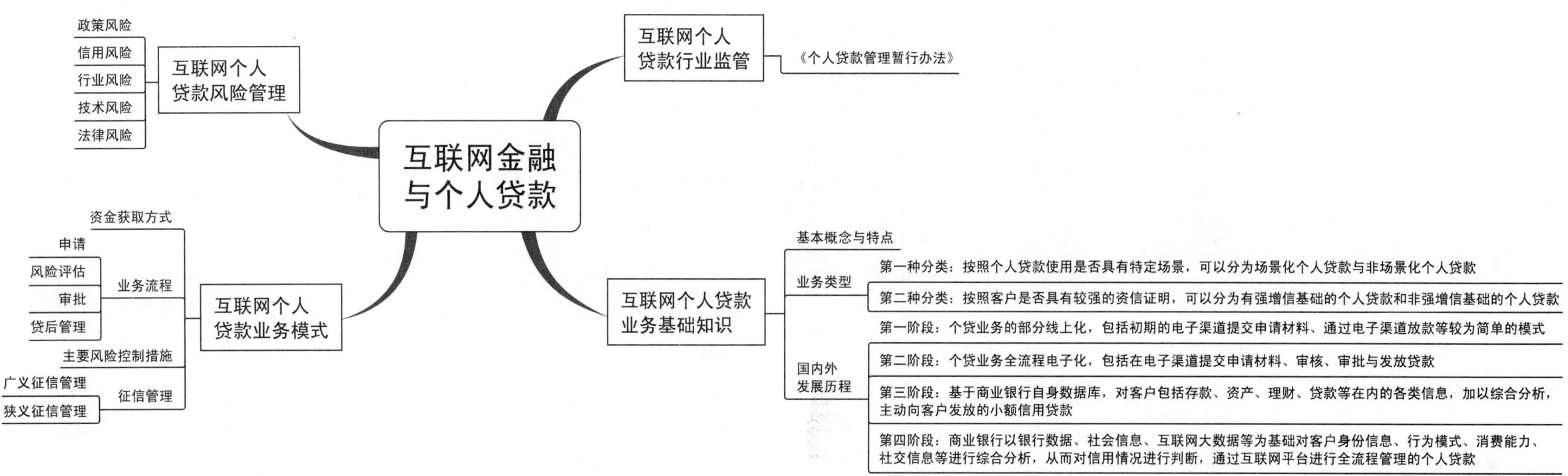

第二章 个人贷款营销

第一节 个人贷款目标市场分析

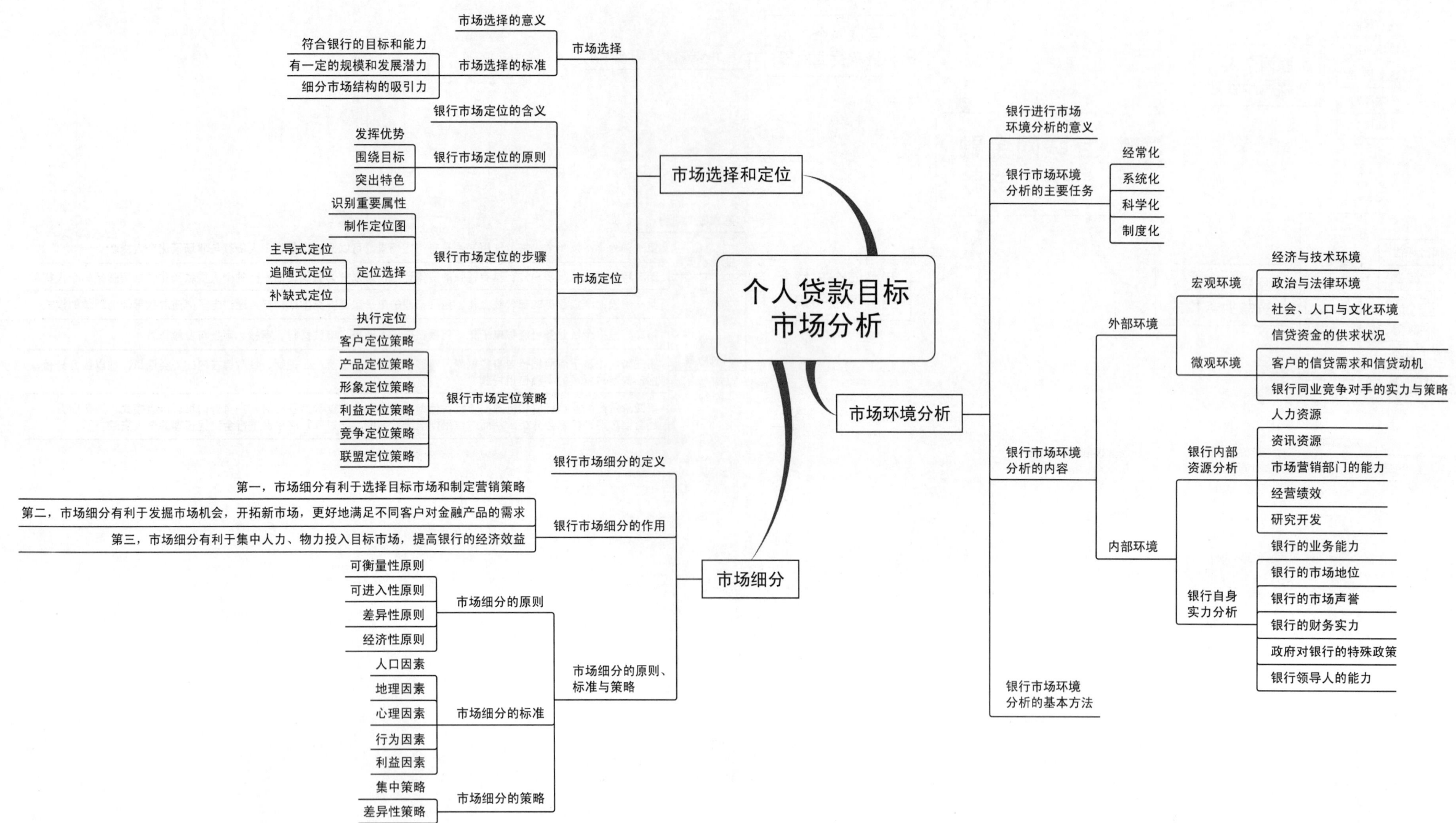

第二节 个人贷款客户定位

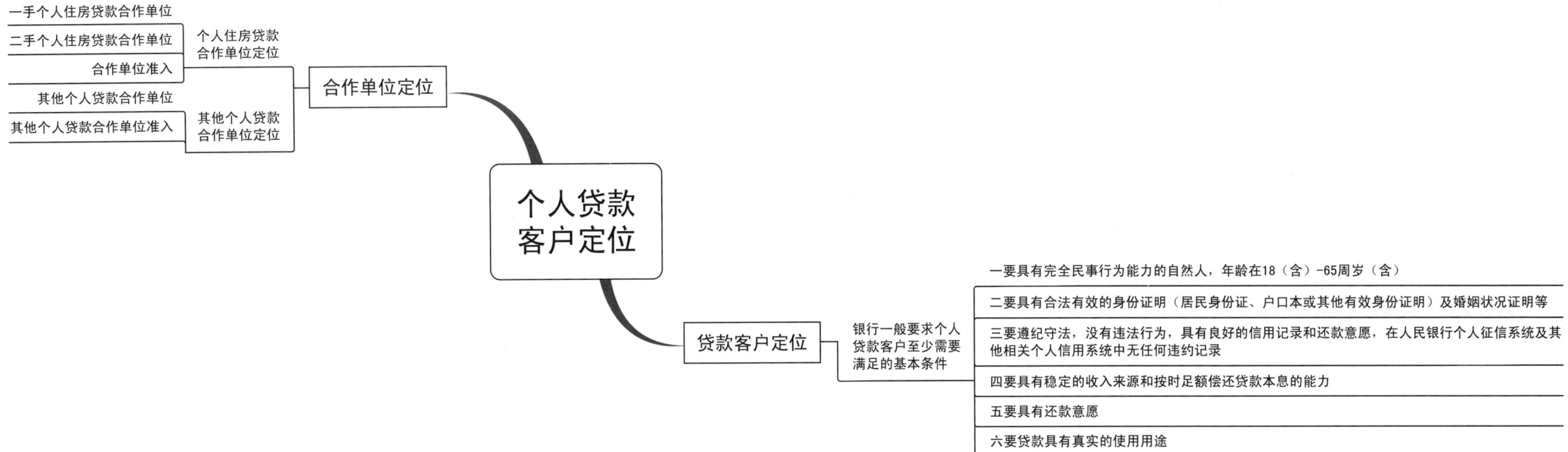

第三节 个人贷款营销渠道

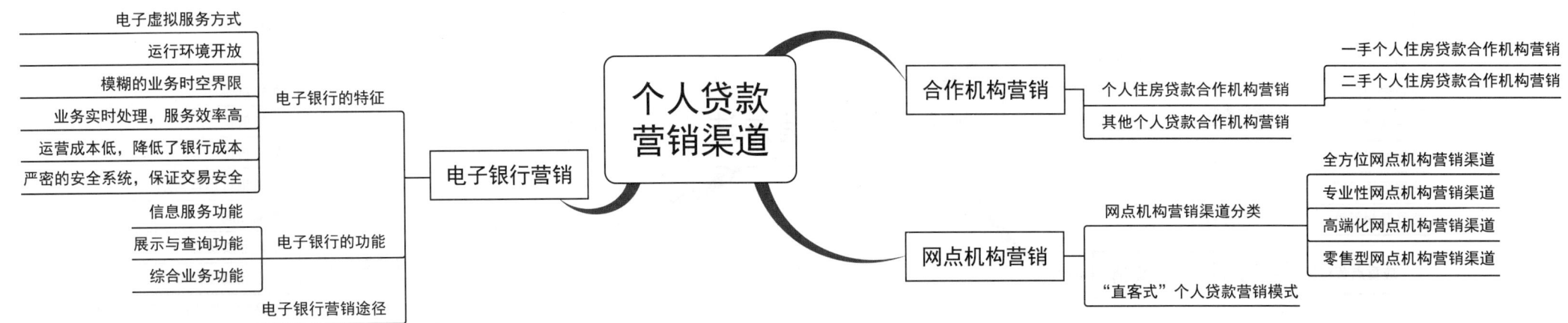

第二节 个人贷款业务风险识别与评价

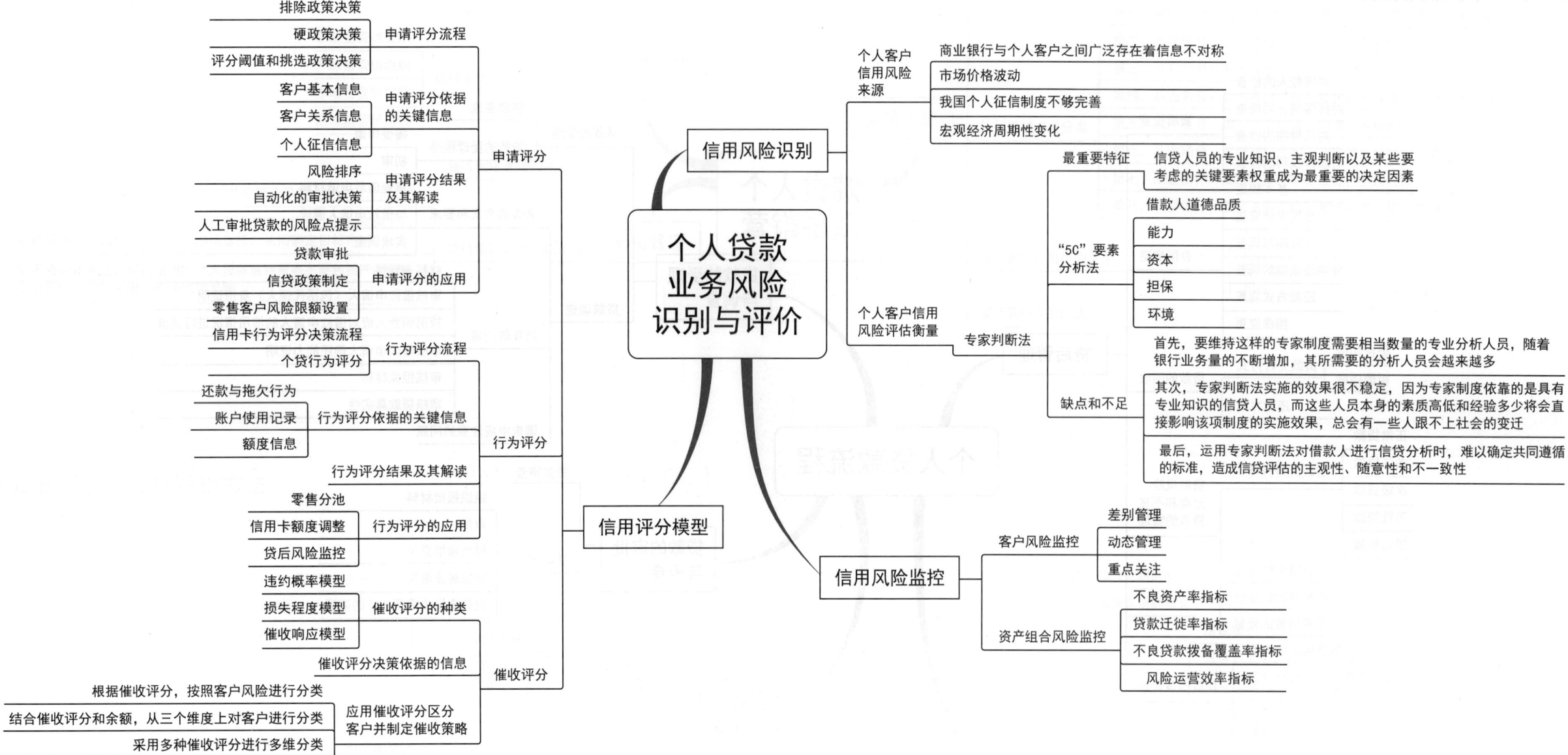

第三节 个人贷款定价

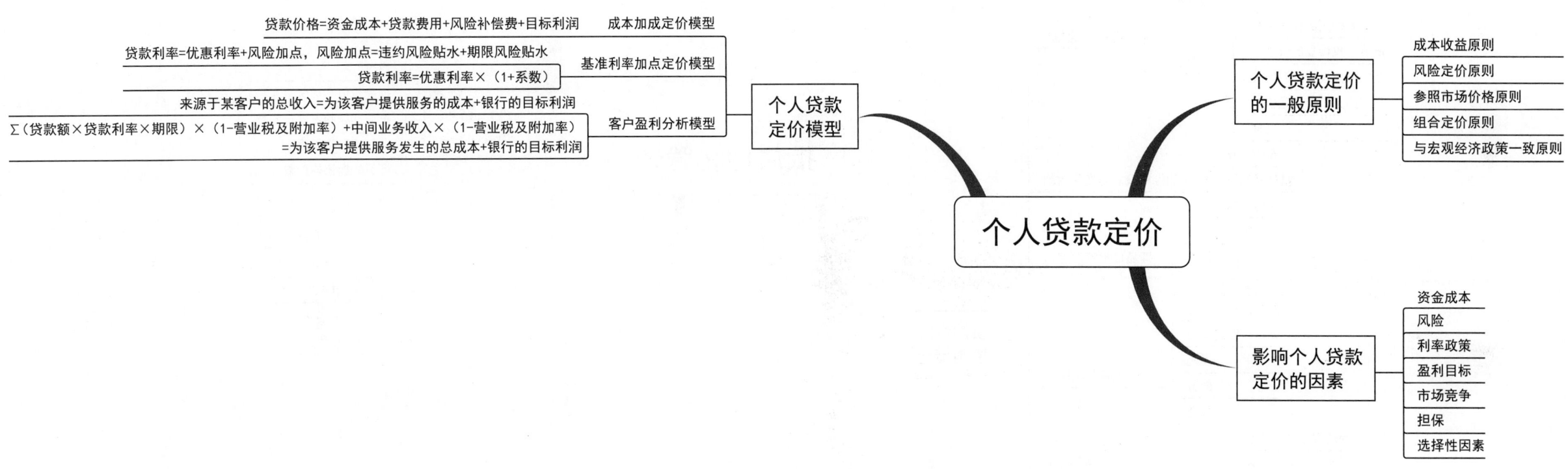

第四节 抵质押物管理

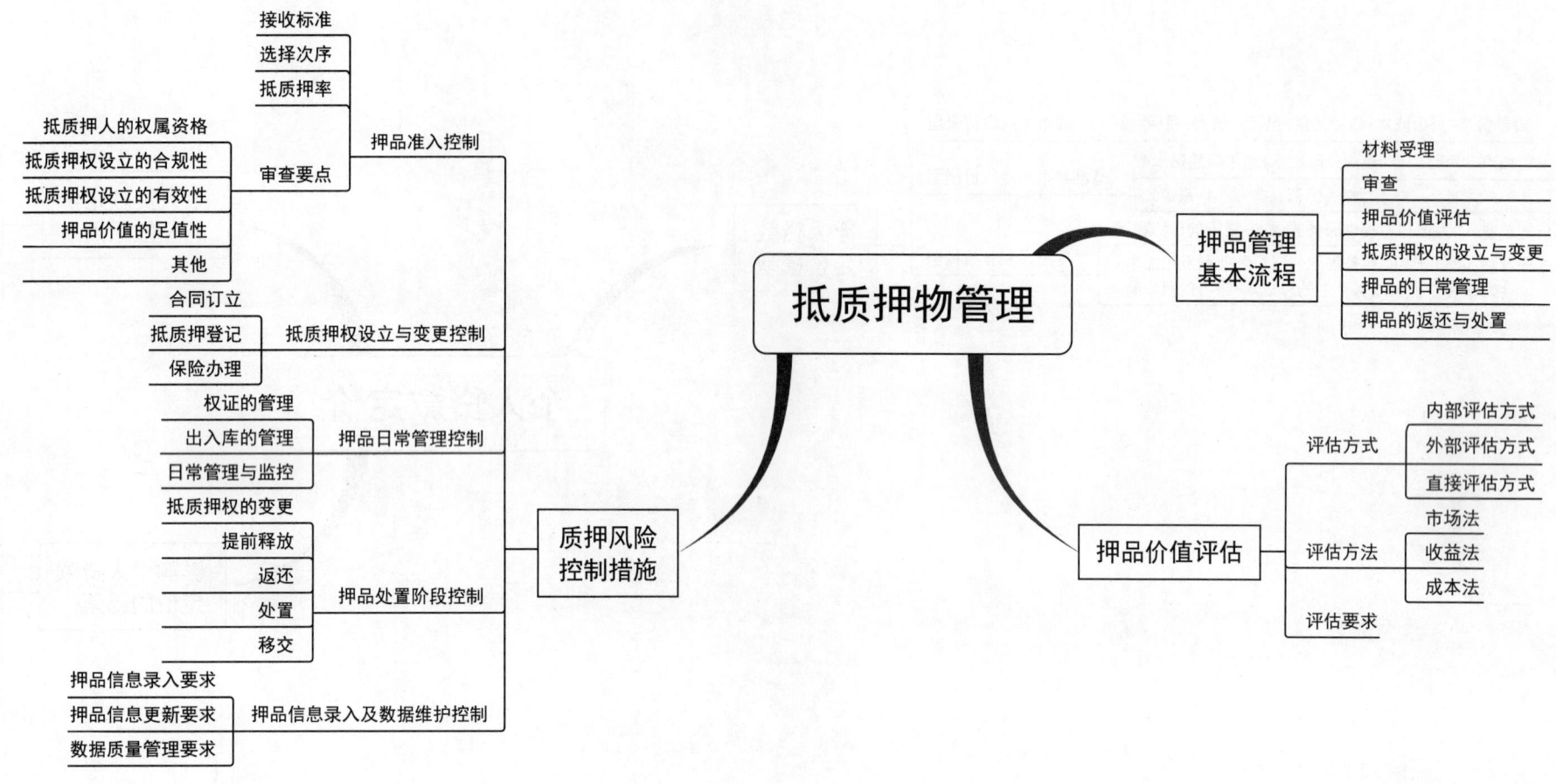

第四章 个人住房贷款

第一节 基础知识

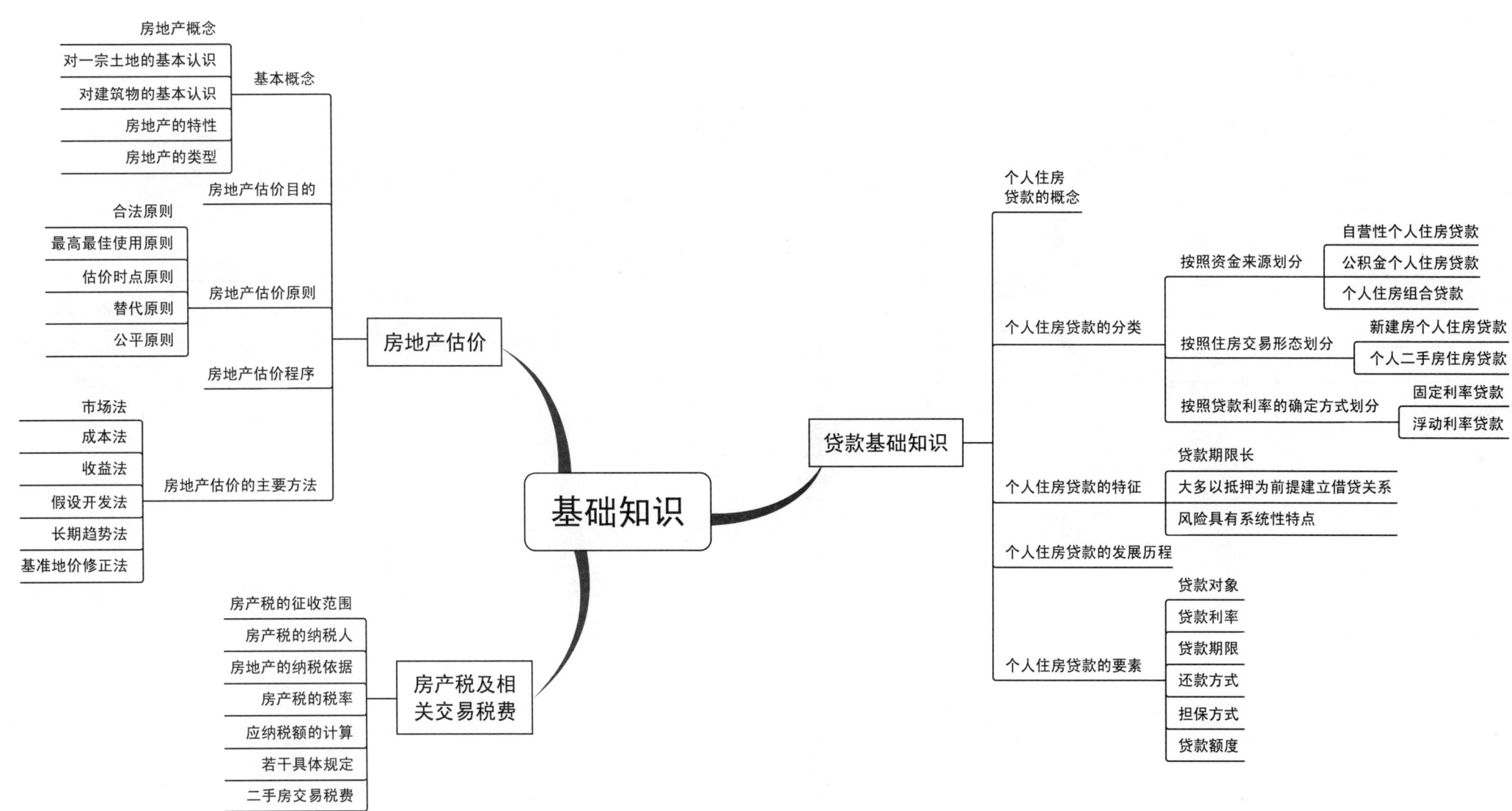

第二节 贷款流程

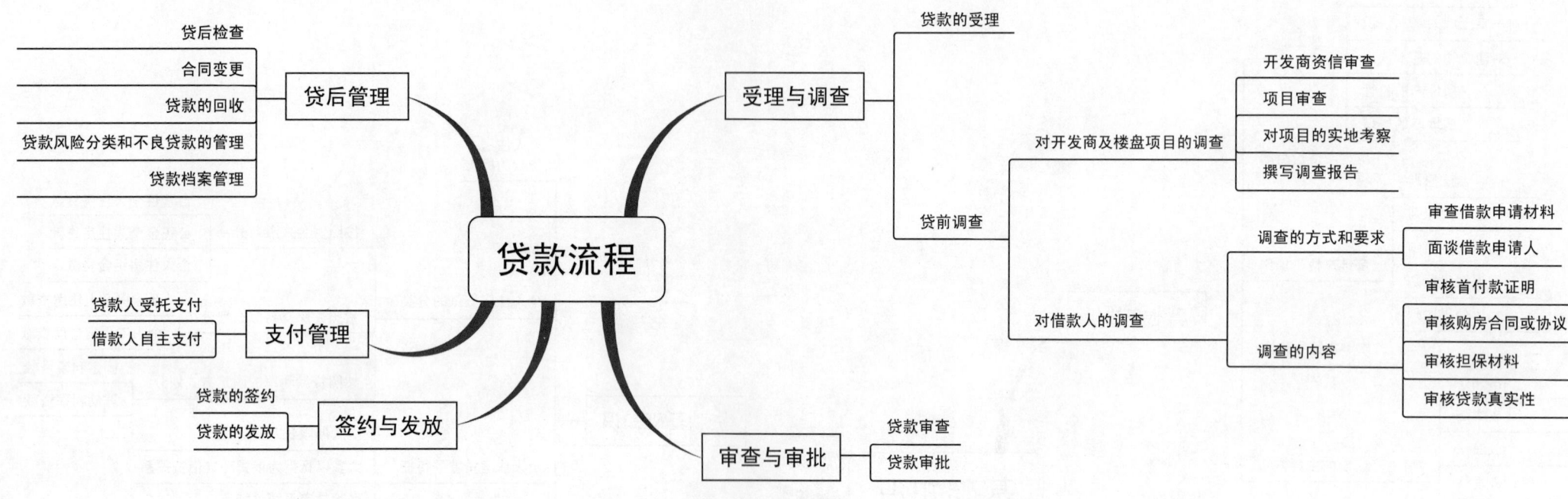

第三节 风险管理

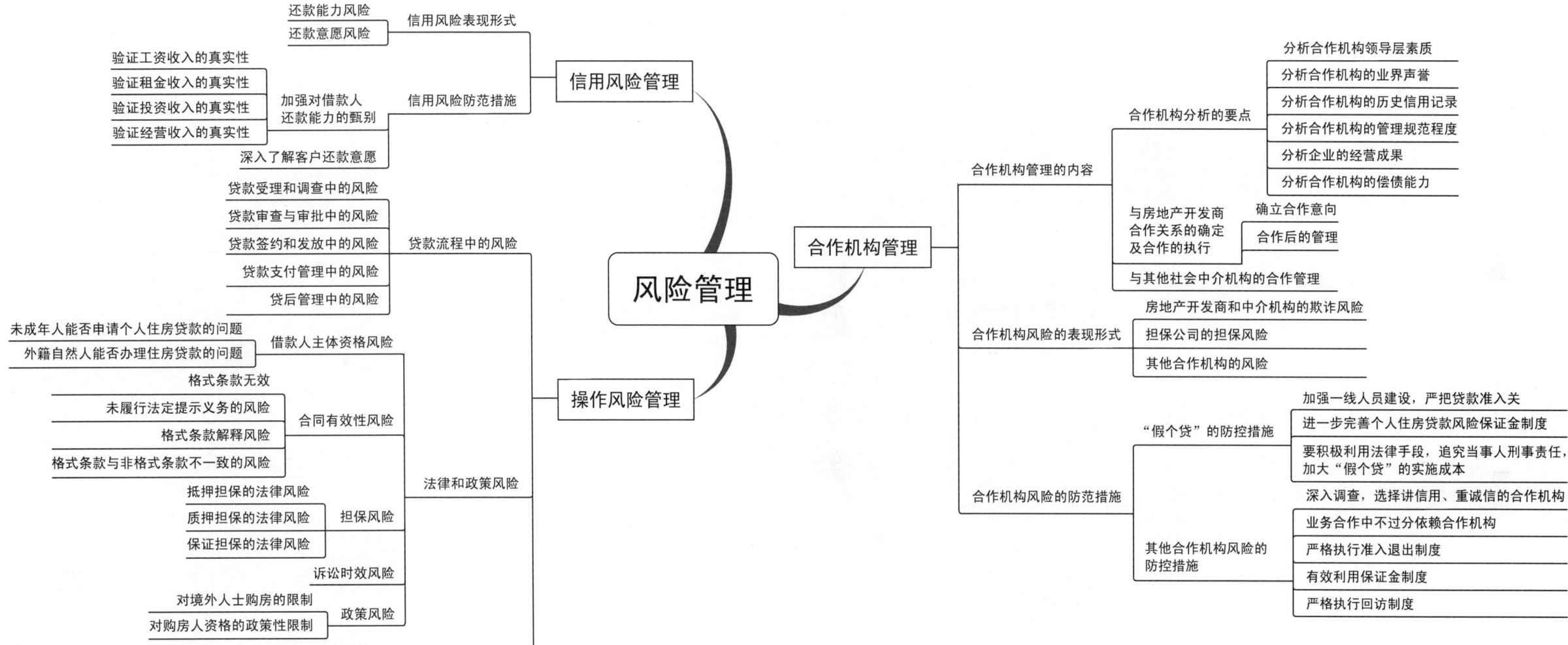

第四节 公积金个人住房贷款

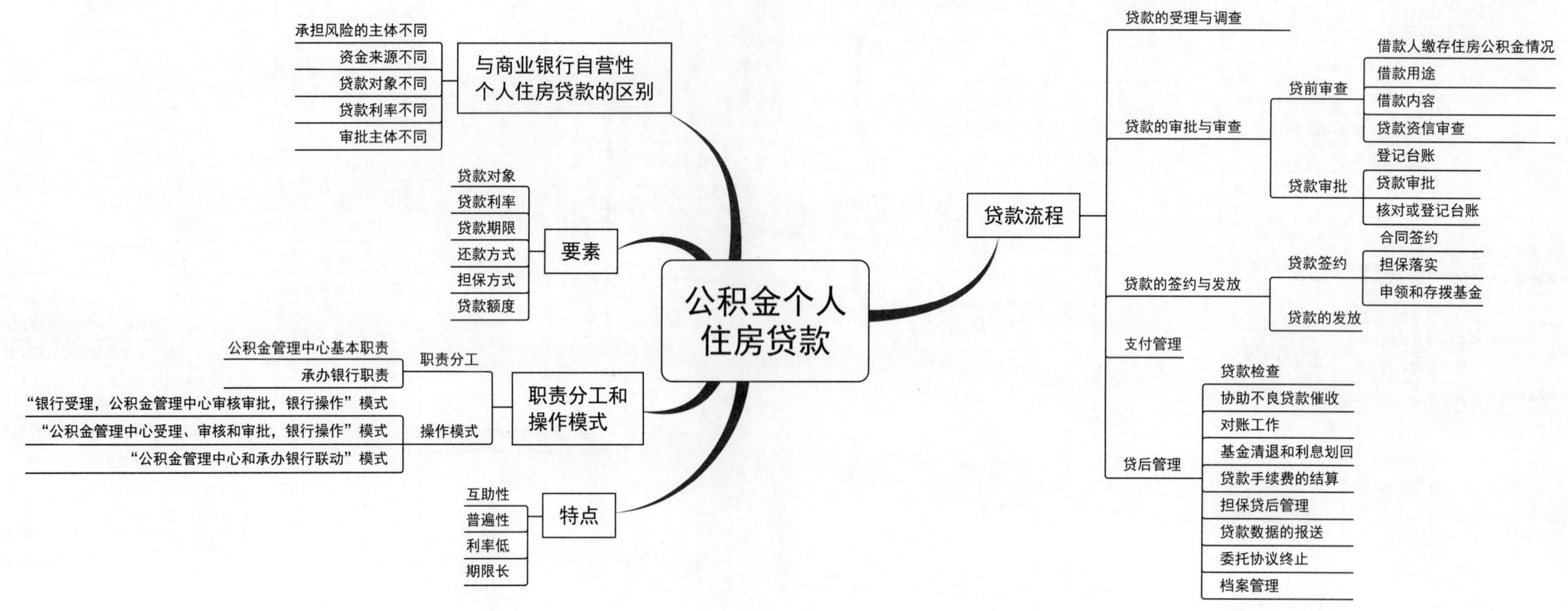

第五章 个人消费类贷款

第一节 个人汽车贷款

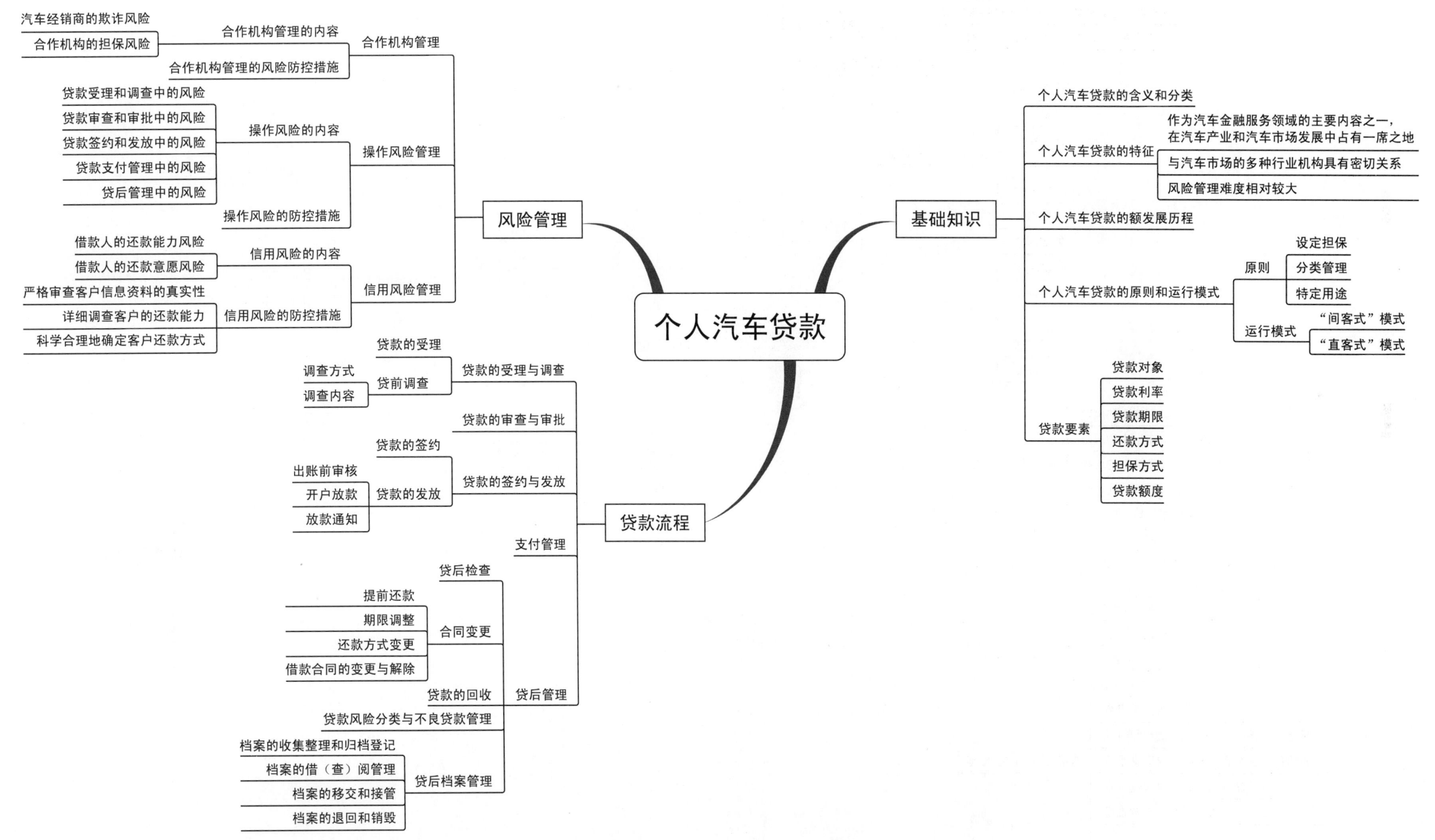

第二节 个人教育贷款

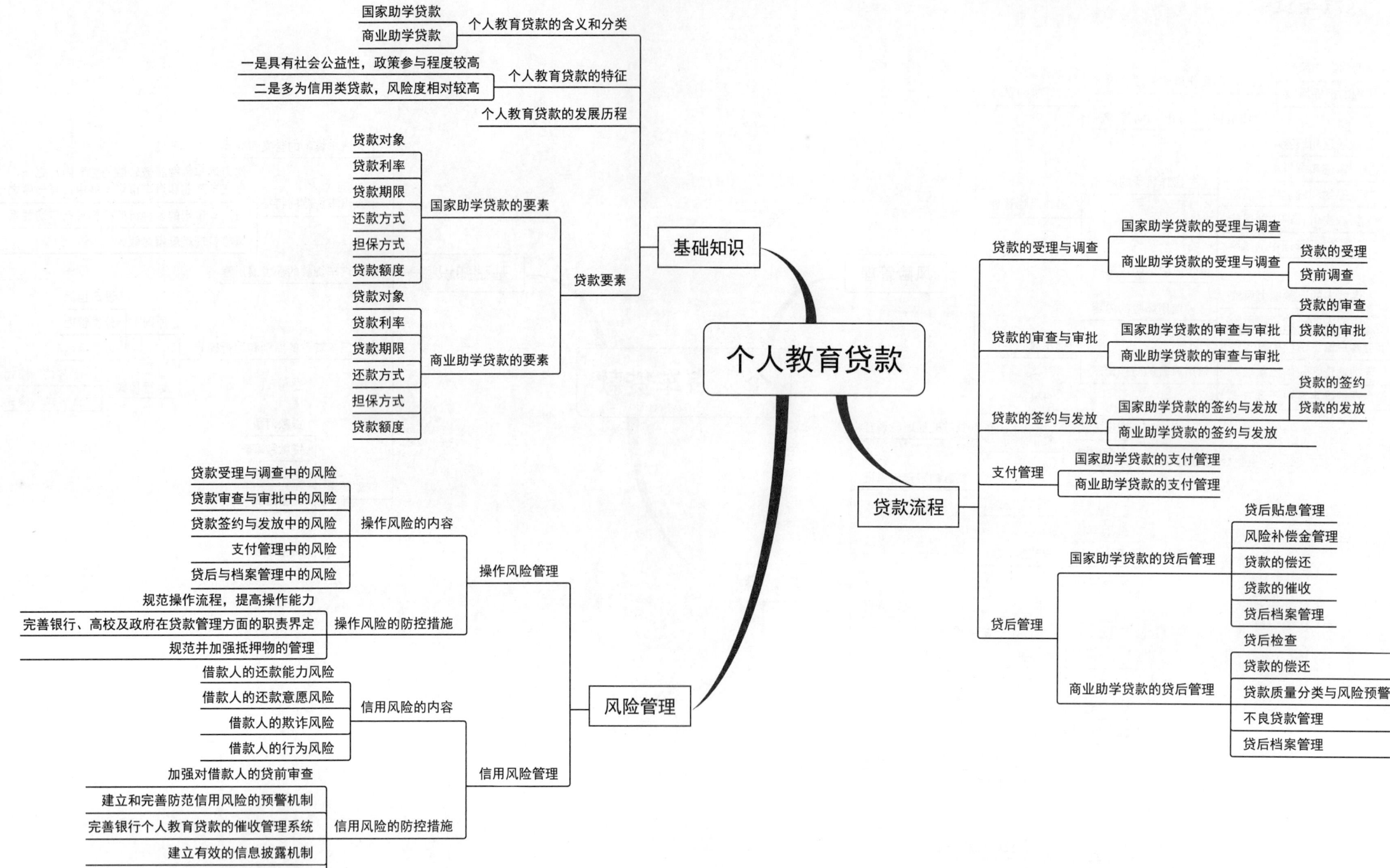

第三节　其他个人消费类贷款

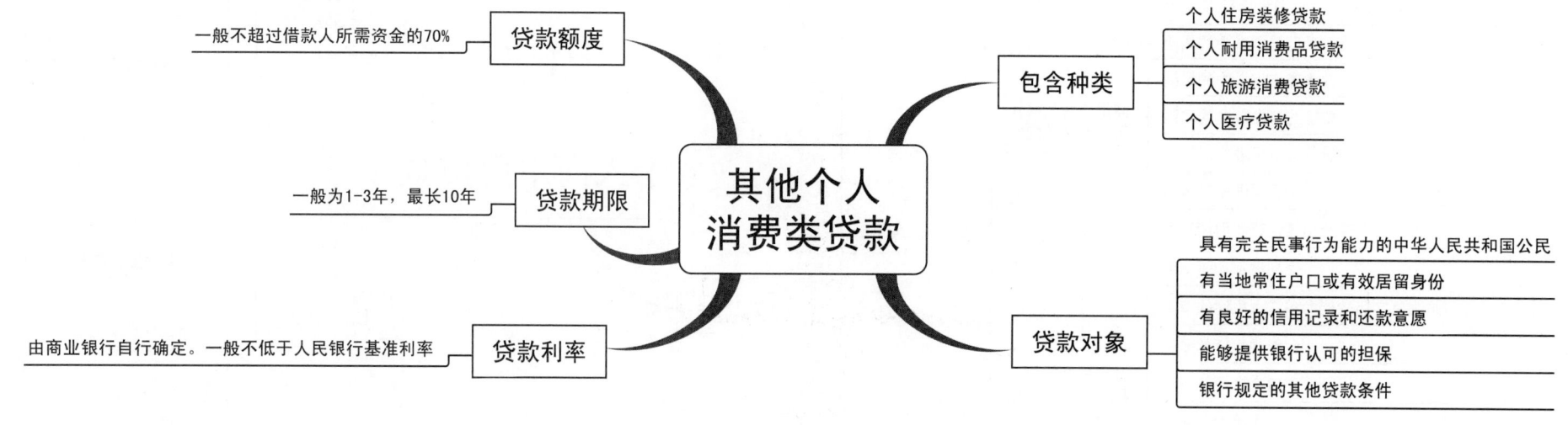

第六章 个人经营类贷款

第一节 个人商用房贷款

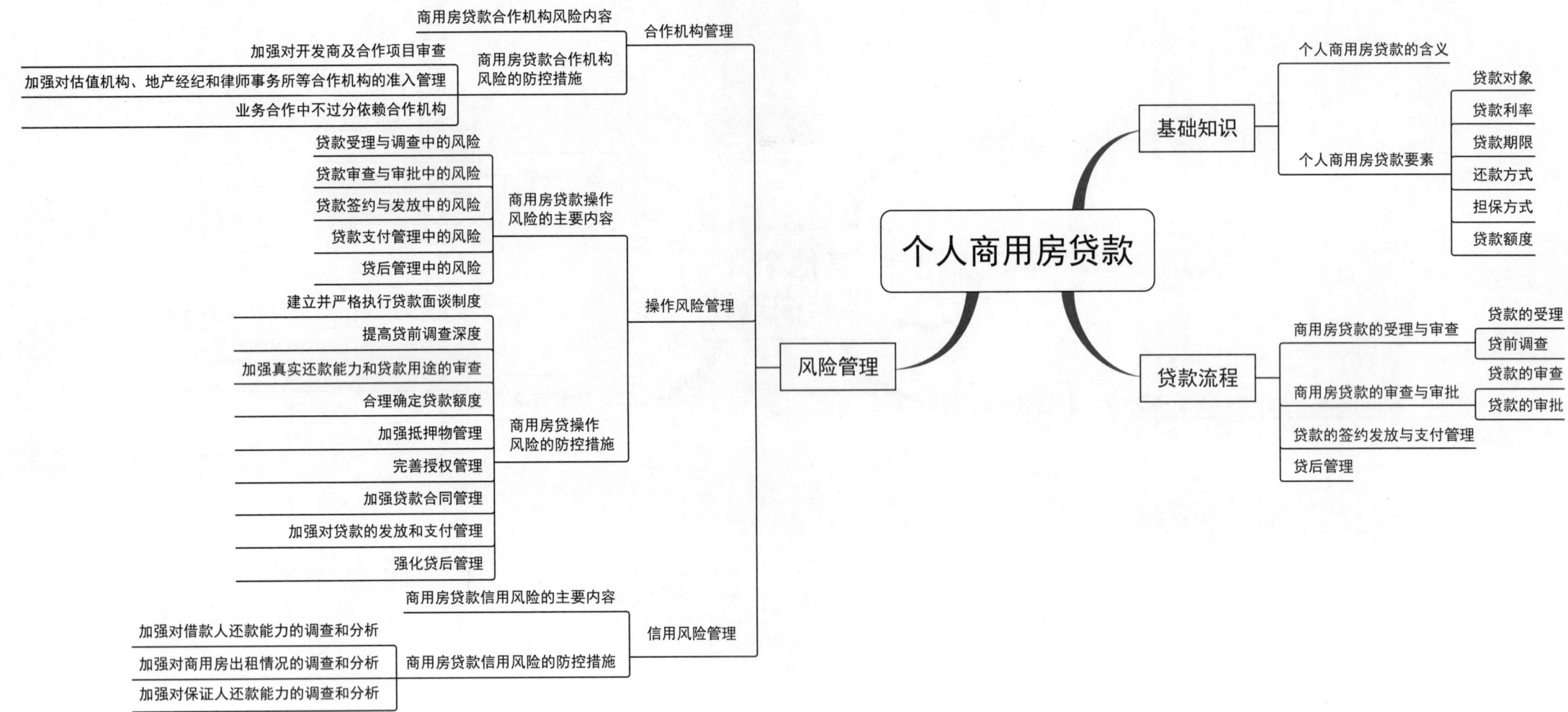

第二节 个人经营贷款

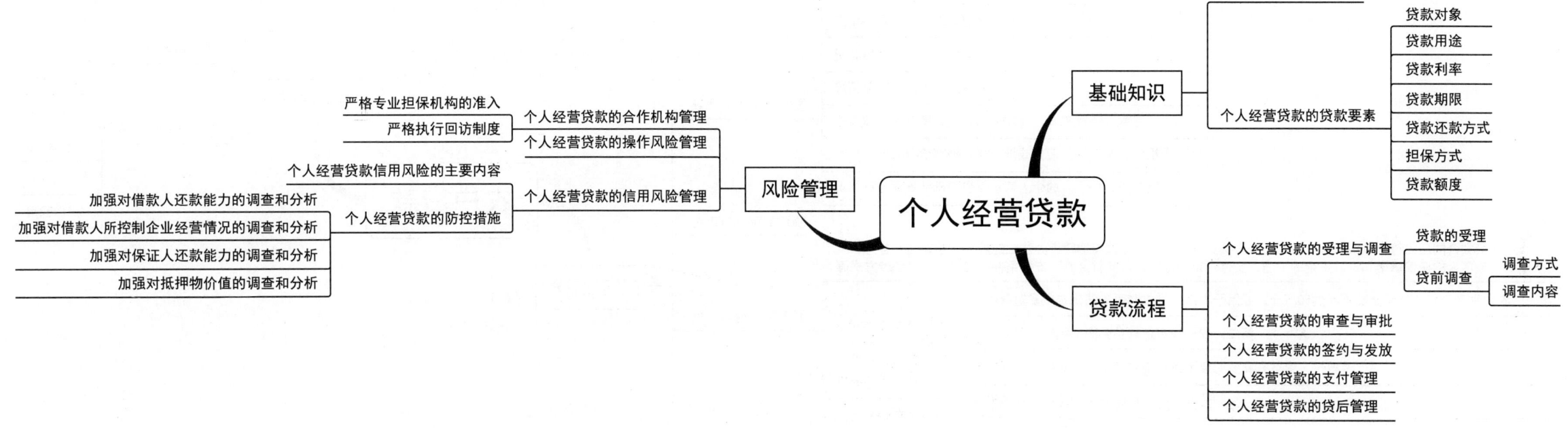

第三节 农户贷款

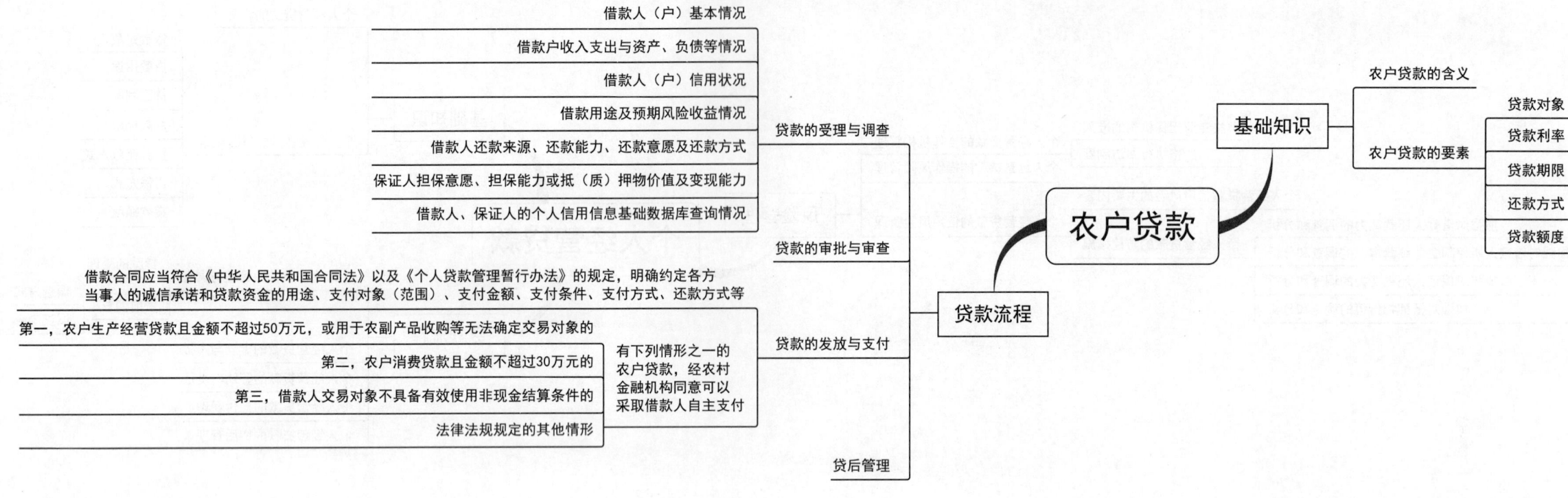

第四节 下岗失业小额担保贷款

第七章 个人征信管理

第一节 个人征信管理概述

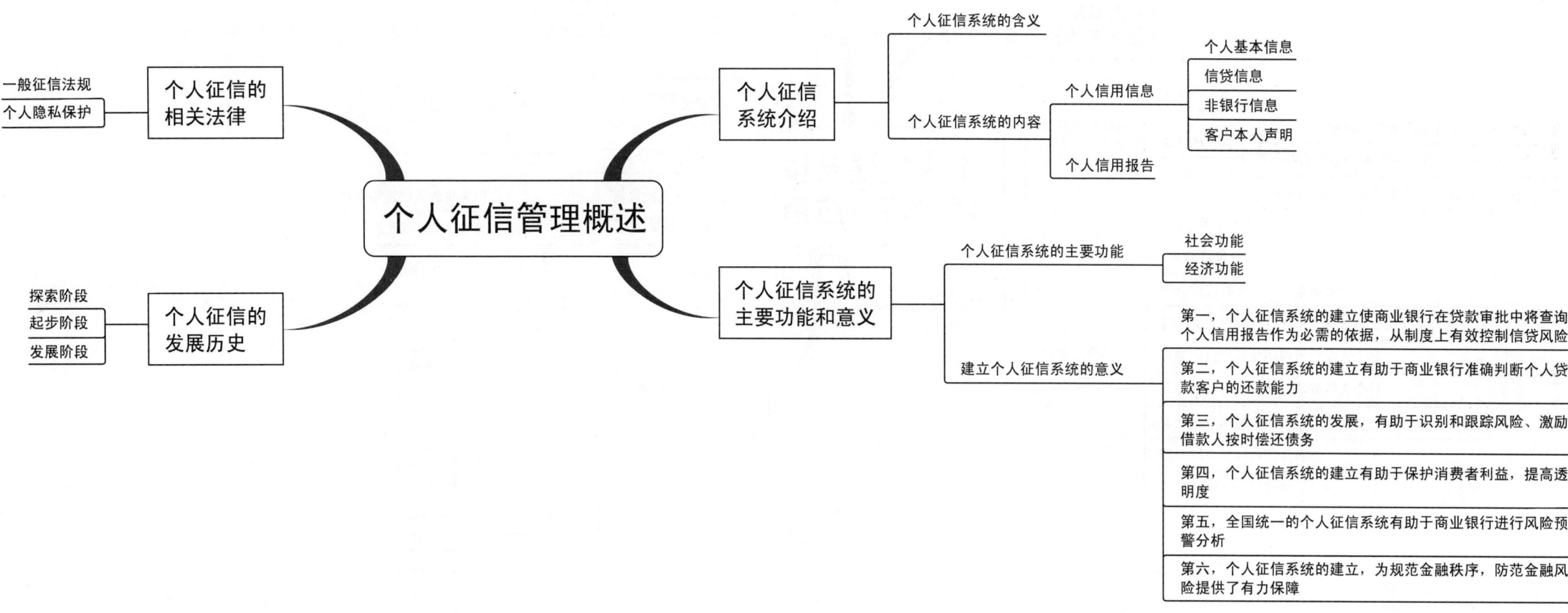

第二节 个人征信系统的管理及应用

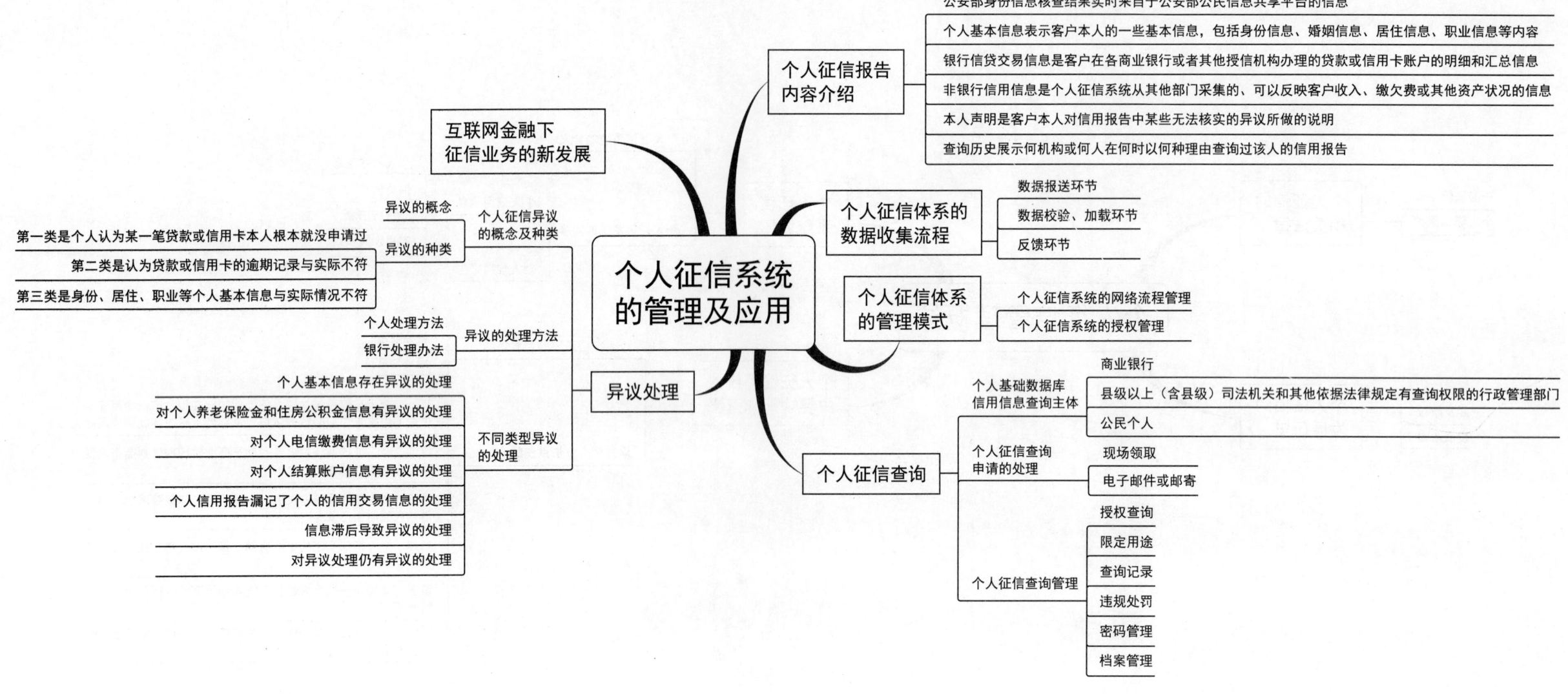

附 录

第一节 个人贷款的相关法律

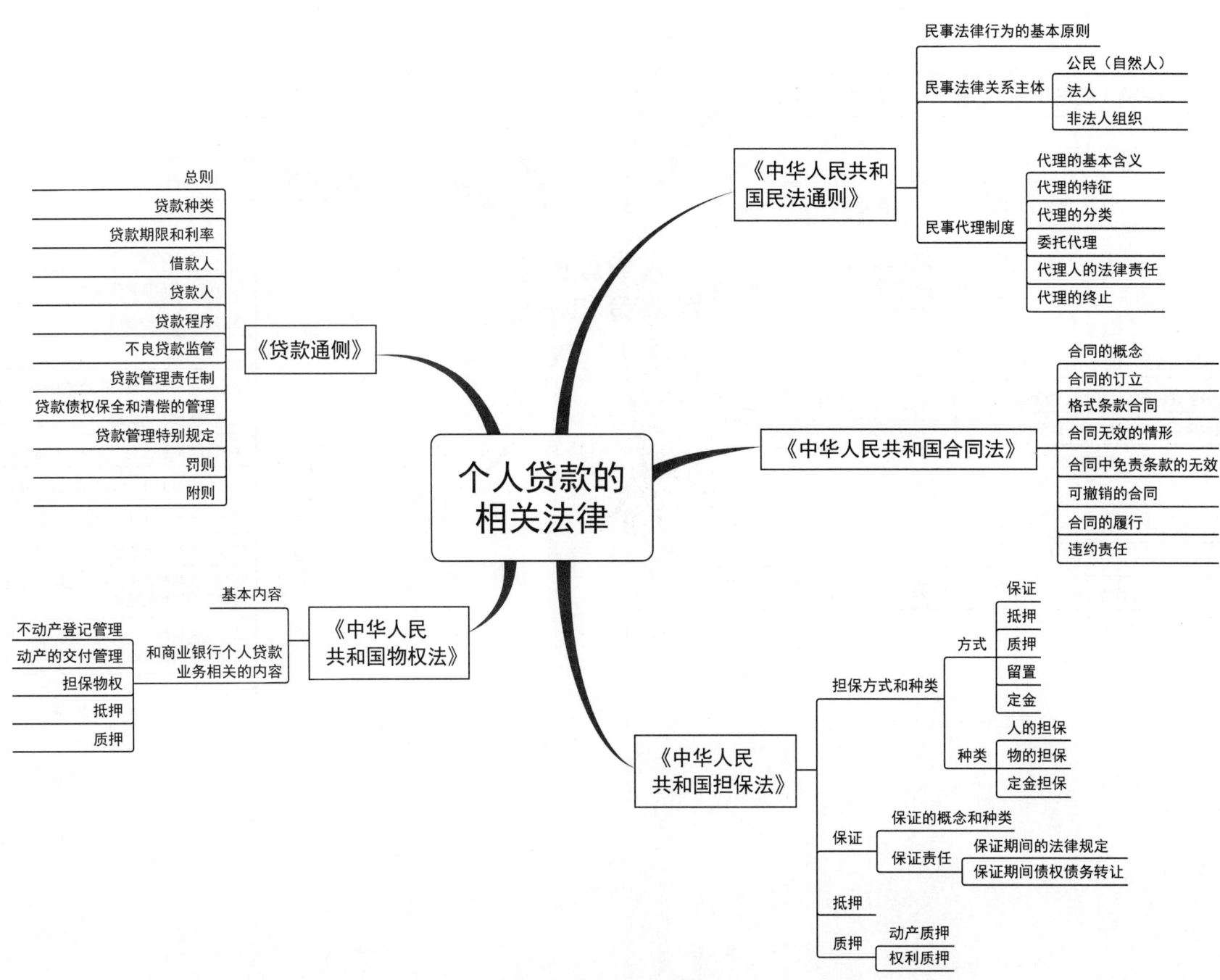

二、个人贷款的监管政策和法规

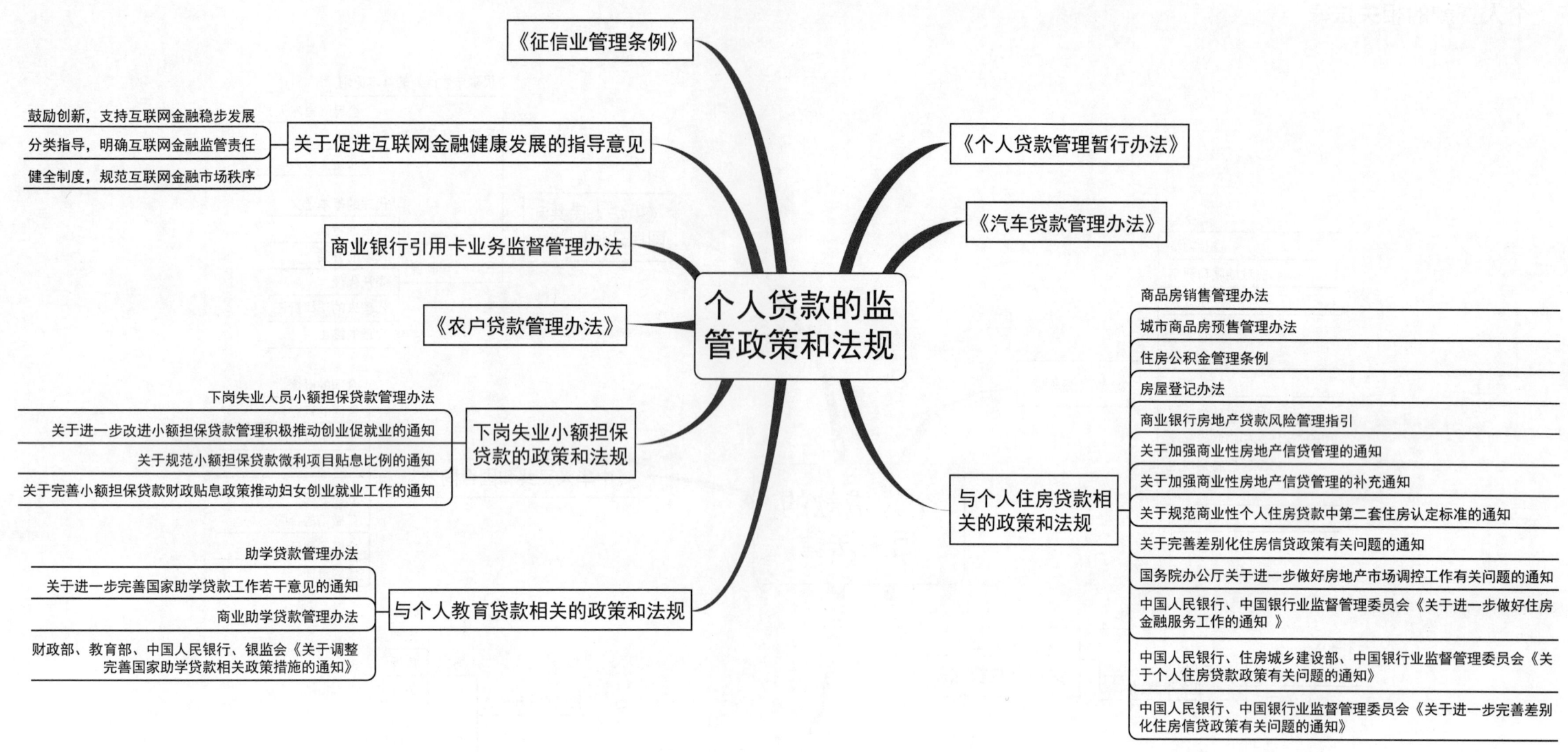

热题库使用说明

热题库设计模型：

欢迎大家使用热题库学习软件，这套软件是全国资格认证考试热题库编委会通过十余年的知识沉淀与经验积累而总结出的一套适用万千考生的学习方法。热题库中的考点和试题均由资深专业教师依据最新考试大纲要求进行编写，同时融入了历年考试真题，在保证试题质量及时效性的基础上，通过经典有效的考点挂习题形式对考点知识进行全方位覆盖，帮助考生逐一击破考试重点、难点及易错点，也因此被众多考生喻为"考试神器"。

- ✓ **新题练习**：以最新大纲要求为主线，为考生提供最新最全的应试题目。
- ✓ **热题研习**：通过对错比率来划分热度，热度越高，题目越精。
- ✓ **熟题重温**：重温做过的题目，加深对知识点的理解与应用。
- ✓ **错题重做**：对做错的题目重新作答，找到薄弱环节，逐个击破。
- ✓ **机编模拟**：按命题思路进行组卷，通过自测，把握考试重点，主攻薄弱环节。
- ✓ **典型试卷**：全国资格认证考试热题库编委会精心编排，囊括重点难点，保质保量。

纺织社热题库

1 · 主页面
热题库主页面上部分为考试科目名称、考生信息及考生学习情况，具体包括：考生头像、微信昵称、积分、新题总数、错题总数、熟题总数、勤奋/排名。热题库主页面下部分为六大经典模块，分别是：新题练习、热题研习、熟题重温、错题重做、机编模拟、典型试卷。其中，新题练习、熟题重温、机编模拟为免费模块，热题研习、错题重做、典型试卷为收费模块

积分：用你的积分可换取试题提问机会。
新题：提醒你，你还有多少道试题未做。
头像：点击头像，进入个人信息，查看你的资考信息。
错题：警告你，你已经做错这些数量的试题。
熟题：恭喜你，你成功答对这些数量的试题。
勤奋/排名：查看你在热题库中的江湖排名。

2 · 新题练习
新题中的题目按章节分类，点击章进入节列表，点击节进入考点列表，点击考点进入考点学习，此模块考生可免费使用；
考点中记录详细考点内容及解析，同时记录考点学习人数，点击章、节、考点右侧按钮直接进入答题页面；
考生选择选项后点击"上一题"、"下一题"默认提交答案；点击"查看答案"选项后，将不可再次更改答案；没有选择答案却点击"查看答案"选项后，本题按做错处理；
点击查看答案后，详细展示本题正确答案，正确率，考生选择，易错选项，被答次数。

3
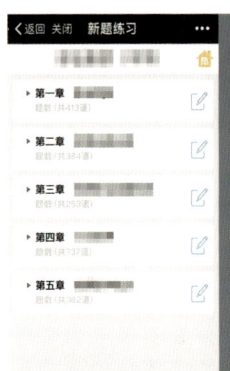

考点：点击考点进入考点详情页面进行学习，并记录考点学习人数。
我要提问：考生在答题过程中遇到疑难问题可以使用"我要提问"进行悬赏积分提问
反馈：考生对有疑问的题目进行错误反馈，老师会在第一时间对题目进行校验。
笔记：在学习过程中记录重点难点题目，方便日后学习。

4 · 熟题重温
在其他模块中做对的题目都会进入"熟题重温"中，帮助考生分出已经掌握的题目，节省复习时间。

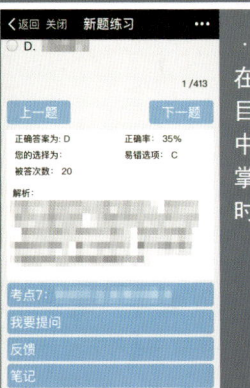

5 · 机编模拟
分为易、中、难三个梯度，考生可以结合自身对知识点掌握的熟练程度自主选择。易，模拟试卷的题目源于"熟题重温"；中，模拟试卷的题目源于"热题研习"；难，模拟试卷的题目源于"错题重做"，所有试卷都是随机生成。此模块可以帮助考生快速查缺补漏。

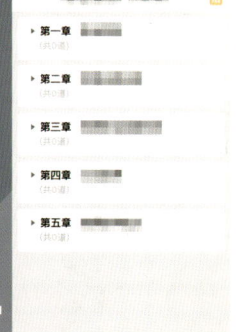

6 · 热题研习
大数据筛选，根据所有考生答题情况对每一道题目进行正确率统计，并按照正确率进行热度划分，考生可以借助他人的经验筛选题目，此模块特别适用于考试临近而又没有时间复习的考生。

7 · 错题重做
在"新题练习"、"热题研习"、"熟题重温"中做错的题目会进入到这个模块，所有错题按照时间倒序显示，距离当前时间越久越先显示，并且同一道错题需要连续做对三次才能进入到"熟题重温"中，错题的抗遗忘曲线法帮助考生真正掌握每一个考点。

8 · 典型试卷
"典型试卷"是由全国资格认证考试热题库编委会精心编写的冲刺试卷，帮助考生在考前冲刺使用，此模块的重要性不言自明。

9 · 个人中心
点击头像进入个人中心，在个人中心详细展示考生复习情况，根据考生学习进度及学习成果生成评估报告，并且可以根据做题量及正确率进行平台排名，促进考生学习欲望。日志、排行榜、复习进度、评估报告从不同角度记录考生学习进度，帮助考生直观地了解复习情况。对于有疑问的问题和重点问题可以选择笔记记录或者使用积分悬赏进行提问；有能力的考生也可以对其他考生的提问进行解答，赚取积分的同时增强考生之间的互动性。

10 功能
- **日志**：记录考生每天的复习情况、做题总数、错题总数、正确率，方便考生安排复习计划。
- **排行榜**：对所有参加考试的考生答题情况进行排名，知己知彼百战不殆。
- **复习进度**：把每科考试按照章节划分查漏补缺，哪里没学学哪里。
- **评估报告**：根据考生做题情况进行图表展示，让考生更直观地了解复习情况。
- **笔记题目**：重点难点问题反复学习，记录上次学习知识盲点，温故而知新。
- **我的提问**：考生对有疑问的问题进行提问，快速找到解决和学习办法。
- **我的回答**：考生之间的互动，帮助别人的同时加深自己对知识点的理解，同时赚取积分。
- **已购买的热题**：热题快速进入渠道，直接答题告别繁琐。
- **已购买的错题**：错题快速进入渠道，直接答题告别繁琐。
- **已购买的典型试卷**：典型试卷快速进入渠道，直接答题告别繁琐。

全国银行业专业人员职业资格考试热题库

《个人贷款（中级）》模拟试卷（一）

一、**单项选择题**（共 80 题，每小题 0.5 分，共 40 分。以下各小题所给出的四个选项中，只有一项符合题目要求，请选择相应选项，不选、错选均不得分）

1. 商业银行互联网个人贷款主要受（　　）《个人贷款管理暂行办法》的指导和监管。
   A. 银监会　　　　B. 保监会　　　　C. 证券业协会　　D. 中国人民银行

2. （　　）是指交易对方未能履行义务而造成经济损失的风险。
   A. 技术风险　　　B. 法律风险　　　C. 信用风险　　　D. 政策风险

3. 关于信用卡业务对我国银行业的意义，下列说法错误的是（　　）。
   A. 对实现银行科技进步有阻碍作用　　B. 提高银行服务效率与服务质量
   C. 引进现代化的营销和管理理念　　　D. 提高盈利能力和竞争能力

4. 高峰刚毕业，目前收入较少，但他预计 5 年后自己的收入会有一个较大的提高。因此他在向银行贷一笔 10 年的贷款时与银行约定，第一个 5 年间每月还本息 750 元，第二个 5 年间的月还款额比第一个 5 年上浮 50%，则由题中资料可判断，该还款方式为（　　）。
   A. 等额累进还款法　　　　　　　　B. 等比累进还款法
   C. 等额本金还款法　　　　　　　　D. 等额本息还款法

5. 到期一次还本付息还款方式一般适用于期限在（　　）年以内的贷款。
   A. 1　　　　　　B. 3　　　　　　C. 5　　　　　　D. 10

6. 采用等额累进还款法时，对于收入增加的客户，可采取（　　）等方法，使借款人分期还款额增多，从而减少借款人的利息负担。
   A. 减少累进额、扩大间隔期　　　　B. 减少累进额、缩短间隔期
   C. 增大累进额、扩大间隔期　　　　D. 增大累进额、缩短间隔期

7. 商业助学贷款发放所遵循的原则不包括（　　）。
   A. 按期偿还　　　B. 专款专用　　　C. 信用发放　　　D. 部分自筹

8. 关于个人信用贷款特点的说法，错误的是（　　）。
   A. 可根据个人信用状况对贷款期限进行相应调整
   B. 贷款额度大，最低不低于 100 万元
   C. 准入条件严格
   D. 贷款期限短

9. 下列关于个人经营类贷款的说法，错误的是（　　）。
   A. 农户贷款是指银行业金融机构向符合条件的农户发放的用于生产经营、生活消费等用途的本外币贷款

B. 个人经营类贷款包括个人商用房贷款、个人经营贷款、农户贷款和下岗失业小额担保贷款

C. 个人商用房贷款是指银行向自然人发放的用于购买、建造和大修理各类型住房的贷款

D. 个人经营贷款是指用于借款人合法经营活动的人民币贷款

10. 个人贷款的对象是（　　）。
A. 法人　　　　B. 自然人　　　　C. 社会团体　　　　D. 经济组织

11. 关于我国现有个人贷款业务的特征，下列说法不正确的是（　　）。
A. 还款方式有等额本息还款法、等额本金还款法、等比累进还款法、等额累进还款法及组合还款法等多种方法
B. 可采取灵活多样的还款方式，但还款方式一经确定中途不可变更
C. 客户可在网上银行、金融超市办理个人贷款业务
D. 个人贷款业务的办理较为便利

12. 使用等额本息还款法的贷款，每月还款额中（　　）。
A. 利息逐月递增，本金逐月递减　　　B. 利息逐月递减，本金保持不变
C. 利息逐月递减，本金逐月递增　　　D. 利息逐月递增，本金保持不变

13. 关于P2P网络监管的四条红线，下列说法不正确的是（　　）。
A. 不得搞资金池
B. 明确平台本身不得提供担保
C. 不得非法吸收公众存款即不得非法集资
D. 明确平台的中介性质，主要为借贷双方的间接借贷提供信息交互、撮合、资信评估等中介服务

14. 中国银行（香港）有限公司根据人的生命周期设计了从婴儿开始到年老每个生长阶段的金融产品，有"安儿保"、"置业理想按揭"、"全方位投资"、"业主万用钱"、"积富之选"、"幸运星"、"期权宝"等系列金融品种，这属于（　　）策略。
A. 专业化策略　　B. 产品差异策略　　C. 分层营销策略　　D. 情感营销策略

15. 国际市场上的普遍规律是＿＿＿＿的强势品牌占据着＿＿＿＿的市场。（　　）
A. 20%；80%　　B. 30%；70%　　C. 40%；60%　　D. 80%；20%

16. 当银行只有一种或很少几种产品，或者银行产品的营业方式大致相同，或者银行把业务职能当做市场营销的主要功能时，采取（　　）营销组织模式最为有效。
A. 职能型　　　B. 产品型　　　C. 市场型　　　D. 区域型

17. 目前，大多数的商业银行都发行了校园卡，在设计上体现出活泼的风格，以迎合年轻客户群体，这属于（　　）策略。
A. 客户定位　　B. 竞争定位　　C. 形象定位　　D. 产品定位

18. 中国建设银行深圳分行的"女子特色银行"、"汽车银行"和"口岸银行"，体现了银行市场定位原则中的（　　）原则。
A. 保证盈利　　B. 突出特色　　C. 围绕目标　　D. 发挥优势

19. 如果市场细分后，各子市场对银行市场营销组合策略中任何要素的变化都做出相同

或类似的反应,该市场细分一定违反了( )。
   A. 经济性原则   B. 差异性原则
   C. 可进入性原则   D. 可衡量性原则

20. 银行因某细分市场规模和容量太小,无法实现利润而放弃该市场的行为是遵循了( )。
    A. 可衡量性原则   B. 可进入性原则
    C. 差异性原则   D. 经济性原则

21. 银行根据消费者的求廉动机、求实动机、求新动机、求便动机等对市场进行细分,所依据的细分标准是( )。
    A. 利益因素   B. 心理因素   C. 地理因素   D. 人口因素

22. 银行进行市场细分的过程是( )。
    A. 设计产品→将银行产品和服务放到适合位置→依据产品将市场和客户分成若干区域、群体
    B. 把市场和客户分成若干区域和群体→对一地把银行产品和服务投放到适合位置
    C. 一对一地把银行产品和服务投放到适合位置→把市场和客户分成若干群体
    D. 设计产品→将产品和服务放到适合位置

23. 市场细分顺应了( )的转变。
    A. 产品营销向顾客营销   B. 产品促销向产品本身
    C. 卖方市场向买方市场   D. 买方市场向卖方市场

24. 下列做法中,符合押品处置阶段控制的要求的是( )。
    A. 办理解押手续时,委托客户单独办理
    B. 变更后的抵质押率不得低于审批核定的抵质押率
    C. 对授信资产转入资产保全部门管理的,授信合同项下押品随授信资产一并移交
    D. 授信合同项下押品所担保的全部债务清偿完毕后经办行客户经理保管押品权属证明

25. 有关合同订立、抵质押登记、保险办理的具体要求,下列说法错误的是( )。
    A. 对一些法律法规规定可以办理预告登记的特殊情形,经办行应申请办理抵押权预告登记
    B. 登记部门要求明确登记期限的,登记届满期限原则上不得早于授信到期期限
    C. 经办行应根据授信方案和审批决策文件,与抵质押人签订抵质押合同
    D. 对容易受到意外事故影响造成损失的押品,经办行应自主办理保险

26. 下列选项中,不属于押品价值评估的主要方法的是( )。
    A. 对比法   B. 成本法   C. 收益法   D. 市场法

27. 在实际应用催收评分时,对于不同的客户情况,下面说法错误的是( )。
    A. 对于有催收历史的客户,可以根据以往的催收历史应用催收响应模型
    B. 对于首次逾期的客户,需要根据其他的行为特征应用催收响应模型
    C. 对于"新开户即逾期"的客户,不能使用违约概率模型
    D. 行为模型以客户的历史行为信息为预测变量

28. 下列评分方法中，不属于个贷行为评分的是（　　）。
    A. 信用卡行为评分　　　　　　B. 消费贷行为评分
    C. 房贷行为评分　　　　　　　D. 车贷行为评分

29. 催收评分是一系列计量分析模型的总称，其模型种类不包括（　　）。
    A. 催收响应模型　　　　　　　B. 违约概率模型
    C. 损失程度模型　　　　　　　D. 客户盈利分析模型

30. 申请评分模块是整个信贷审批流程中的一个环节，以下关于评分环节的说法正确的是（　　）。
    A. 评分环节是在自动审批和贷款调查之后，审核和贷款发放之前
    B. 评分环节是在贷款调查和审核之后，自动审批和贷款发放之前
    C. 评分环节是在人工审批和贷款调查之后，审核和贷款发放之前
    D. 评分环节是在贷款调查和审核之后，人工审批和贷款发放之前

31. 借款人委托其他自然人代办个人贷款的划付时，代理人需要持有的证件或材料不包括（　　）。
    A. 个人住房贷款审批表　　　　B. 借款人授权委托书
    C. 借款人身份证件　　　　　　D. 本人身份证件

32. 下列关于个人贷款合同的说法，错误的是（　　）。
    A. 对采取抵押担保方式的，应要求抵押物共有人在相关合同文本上签字
    B. 同笔贷款的合同填写人与合同复核人不得为同一人
    C. 应使用统一格式的个人贷款的有关合同文本
    D. 对不准备填写内容的空白栏不需再做处理

33. 为了防范合作机构风险，银行应对房屋进行估价，首要步骤是（　　）。
    A. 与专业的房地产估价公司合作进行联合估价
    B. 参考贷款申请人提供的交易价格
    C. 建立自己的房地产交易信息库
    D. 通过"网上房地产"进行询价

34. 对开发商及楼盘项目本身的审查不包括（　　）。
    A. 项目合法性审查　　　　　　B. 项目的实地考察
    C. 项目工程进度审查　　　　　D. 项目资料的规范性审查

35. 对于具有投资开发或再开发潜力的房地产的估价，如待开发的土地、在建工程、可装修改造或可改变用途的旧房等，适宜采用的房地产估价方法是（　　）。
    A. 假设开发法　　B. 收益法　　C. 成本法　　D. 市场法

36. 采用市场法进行房地产估价的难点在于（　　）。
    A. 保证可比实例成交价格的稳定性　B. 保证可比实例成交价格的客观合理性
    C. 不同地区房地产的价格构成极其复杂 D. 不同时期房地产的价格构成极其复杂

37. 房地产估价中，（　　）要求估价结果不得明显偏离类似房地产在同等条件下的正常价格。
    A. 替代原则　　　　　　　　　B. 公平原则

C. 合法原则 D. 最高最佳使用原则

38. 目前我国政府规定的居住用地的土地使用权出让年限为（   ）年。
    A. 70 B. 60 C. 50 D. 40

39. 在二手房交易中，税务部门向卖方征收交易所产生的差价获得的收入被称为（   ）。
    A. 转移登记费 B. 土地出让金 C. 个人所得税 D. 交易手续费

40. 对于贷款期限在1年以上的个人住房贷款，合同期内遇法定利率调整时，实践中银行多是于（   ）起，按相应的利率档次执行新的利率规定。
    A. 次年1月1日 B. 下一工作日 C. 次月1日 D. 当日

41. 商业银行先要和公积金管理中心签订（   ），取得公积金个人住房贷款业务的承办权之后才能接受委托办理公积金个人住房贷款业务。
    A. 住房公积金贷款业务委托协议书 B. 住房公积金借款合同
    C. 委托贷款通知书 D. 委托放款协议书

42. 在个人住房贷款业务中，担保公司的"担保放大倍数"是指（   ）。
    A. 担保公司的营业利润与自身实收资本的倍数
    B. 担保公司向银行的贷款与自身实收资本的倍数
    C. 担保公司提供给借款者的贷款与自身实收资本的倍数
    D. 担保公司对外提供担保的余额与自身实收资本的倍数

43. 按照资金来源划分，个人住房贷款不包括（   ）。
    A. 新建房个人住房贷款 B. 自营性个人住房贷款
    C. 公积金个人住房贷款 D. 个人住房组合贷款

44. 下列关于个人住房贷款借款人还款意愿的表述，错误的是（   ）。
    A. 个人住房贷款借款人还款意愿的下降可能会导致个人住房贷款信用风险的发生
    B. 在审核个人住房贷款申请时，可验证借款人的工资收入等来综合判断其还款意愿
    C. 如果借款人是新客户，可通过职业、家庭、教育等个人背景因素来综合判断其还款意愿
    D. 如果借款人是老客户，可通过检查其以往的账户记录、还款记录及当时贷款状态来了解其还款意愿

45. 下列不属于个人住房贷款操作风险的是（   ）。
    A. 贷款前、中、后台没有进行严格的责任区分
    B. 贷款行所在地区抵押登记制度不健全
    C. 放松对借款人的审批条件
    D. 降低借款人首付比例

46. 下列不可以用于抵押担保的是（   ）。
    A. 借款人名下的存单 B. 借款人名下的股票
    C. 借款人配偶名下的房产 D. 借款人就职医院的房产

47. 根据现行的对贷款额度的规定，个人住房贷款最低首付款比例为（   ）。

A. 35%	B. 30%	C. 25%	D. 20%

48. 办理个人教育贷款时，贷后与档案管理环节面临的操作风险不包括（   ）。
    A. 他项权利证书未按规定进行保管，造成他项权证遗失，他项权利灭失
    B. 地震导致借款合同、担保合同等重要资料灭失
    C. 未按规定保管借款合同，造成合同损毁
    D. 逾期催收贷款，造成贷款损失

49. 商业助学贷款台账中记录的贷款信息不包括（   ）。
    A. 账号	B. 风险状态
    C. 还款方式	D. 借款人基本信息

50. 下列关于国家助学贷款偿还的说法，错误的是（   ）。
    A. 休学的借款学生复学，次月1日起恢复财政贴息
    B. 提前离校的借款学生办理离校手续之日的下月1日起自付贷款利息
    C. 借款学生毕业后申请出国留学的，应主动通知经办银行并一次性还清贷款本息
    D. 经办行在接到借款学生休学、退学、转学、出国、被开除学籍等中止学业的通知后，应采取提前收回贷款本息和签订还款协议等措施

51. 下列各项不属于申请国家助学贷款需要提交的材料的是（   ）。
    A. 借款人和担保人应当面出具并签署书面授权，同意贷款银行查询其个人征信信息
    B. 乡、镇、街道、民政部门和县级教育行政部门关于其家庭经济困难的证明材料
    C. 借款人学生证或入学通知书的原件和复印件
    D. 借款人有效身份证件的原件和复印件

52. 下列关于国家助学贷款催收的说法，错误的是（   ）。
    A. 各经办银行应按季将已到还款期的借款学生还款情况反馈给学校，学校负责协助经办银行联系拖欠还款的借款学生及时还款
    B. 各经办银行应将已到还款期的借款学生还款情况通知家长，家长对未还清贷款负有连带保证责任
    C. 各经办银行要加强日常还贷催收工作，做好催收记录，确认借款人已收到催收信息
    D. 各经办银行应建立详细的还贷监测系统

53. 个人汽车贷款中，为防范信用风险，可对符合条件的、资金周转存在周期性的客户采用按月还息、按计划表还本的还款方式，但借款人必须在贷款发放后的第（   ）个月开始偿还首笔贷款本金。
    A. 6	B. 4	C. 3	D. 1

54. 下列关于个人汽车贷款回收的说法，错误的是（   ）。
    A. 借款人可在合同中选定一种还款方式，也可根据具体情况在贷款期限内进行变更
    B. 回收遵循的原则是先收本、后收息，全部到期、利随本清
    C. 还款的方式有委托扣款和柜台还款两种方式

D. 指借款人按借款合同及时、足额偿还本息

55. 关于个人汽车贷款业务中贷款合同的填写，下列说法错误的是（   ）。
    A. 对采取抵押担保方式的，借款人签署个人汽车借款抵押合同时应取得抵押物共有人授权
    B. 贷款金额、贷款期限、贷款利率、担保方式和还款方式等有关条款要与最终审批意见一致
    C. 合同填写必须做到标准、规范、要素齐全、数字正确、字迹清晰、不错漏、不潦草，防止涂改
    D. 贷款发放人有义务告知合同签约方关于合同内容、权利义务、还款方式、还款过程中应注意的问题等内容

56. 下列关于个人汽车贷款审批的说法，不正确的是（   ）。
    A. 对不同意贷款的，贷款审批人不必写明拒批理由
    B. 贷款审批人签署审批意见后，应将审批表连同有关材料退还业务部门
    C. 贷款审批人应从银行利益出发审查每笔个人汽车贷款的合规性、可行性及经济性
    D. 确保符合转授权规定，对于单笔贷款超过经办行审批权限的，必须逐笔将贷款申请及经办行审批材料报上级行进行后续审批

57. 借款人无法按照计划偿还个人汽车贷款时，须提前（   ）天提出展期申请。
    A. 90   B. 60   C. 45   D. 30

58. 下列属于个人汽车贷款受理、调查环节操作风险的是（   ）。
    A. 借款申请人的主体资格不符合银行有关规定
    B. 业务风险与效益不匹配
    C. 未按规定办妥公证事宜
    D. 借款人伪造申报资料

59. 下列各项中，申请人最可能获得个人汽车贷款的情况是（   ）。
    A. 丁某目前虽然没有明确的购车意图，但由于最近贷款利率下降，因此想预先贷款，然后再择机购买
    B. 丙某一贯遵纪守法，并且具有稳定的收入来源和良好的信用记录，欲分期付款购买汽车
    C. 乙某被公司辞退已半年，现仍没找到工作，打算自己创业，想购买一辆汽车自营
    D. 甲某今年15岁，酷爱赛车比赛，欲分期付款购买一辆法拉利跑车

60. 如果借款人选择"直客式"个人汽车贷款模式，申请贷款时无需提供的材料是（   ）。
    A. 银行认可的担保
    B. 合法有效的身份证件
    C. 由汽车经销商出具的购车意向证明
    D. 贷款银行认可的借款人还款能力证明材料

61. 关于个人汽车贷款发放的流程，下列说法错误的是（　　）。
    A. 放款的方式包括放款至经销商在贷款银行开立的存款账户和直接转入借款人在贷款银行开立的存款账户两种方式
    B. 当开户放款完成后，业务部门应将放款通知书交借款人作回单，将个人贷款信息卡交审批部门存档
    C. 业务部门在接到放款通知书后，应审核放款通知的真实性、合法性和完整性
    D. 业务部门在确定有关审核无误后，可进行开户放款

62. 农户生产经营贷款且金额不超过（　　）万元，或用于农副产品收购等无法确定交易对象的，经农村金融机构同意可以采取借款人自主支付。
    A. 20　　　　　B. 30　　　　　C. 40　　　　　D. 50

63. 农村金融机构应当建立贷款档案管理制度，及时汇集更新客户信息及贷款情况，不包括确保农户贷款档案资料的（　　）。
    A. 合法性　　　B. 连续性　　　C. 有效性　　　D. 完整性

64. 农户贷款采取自主支付方式发放时，必须将款项转入指定的借款人结算账户，严禁以（　　）方式发放贷款，确保资金发放给真实借款人。
    A. 网银支付　　B. ATM 支付　　C. 汇款　　　　D. 现金

65. 在个人经营贷款中，借款人变更还款方式需要满足的条件不包括（　　）。
    A. 借款人在变更还款方式前应归还当期的贷款本息
    B. 借款人应向银行提交还款方式变更申请书
    C. 借款人的贷款账户未拖欠本息及其他费用
    D. 借款人具备还款意愿和还款能力

66. 为了有效规避担保机构给银行贷款带来的风险，银行应采取的防控措施包括严格专业担保机构的准入和（　　）。
    A. 严格发放贷款　　　　　　　　B. 严格审查借款人
    C. 严格执行回访制度　　　　　　D. 严格控制操作风险

67. 在商用房贷款的受理环节，银行所面临的操作风险不包括（　　）。
    A. 贷款人未按规定保管借款合同，造成合同损毁
    B. 借款申请人所提交的材料不真实
    C. 借款申请人的担保措施不足额
    D. 借款人不具备规定的主体资格

68. 个人经营贷款的合作机构主要是（　　）。
    A. 保险机构　　B. 商业银行　　C. 担保机构　　D. 房地产开发商

69. 贷款银行应当选择信用等级高、还款能力强的保证人，且保证人信用等级不能低于（　　），不接受股东之间和家庭成员之间的单纯第三方保证方式。
    A. 贷款人　　　B. 还款人　　　C. 借款人　　　D. 资金使用人

70. 采用借款人自主支付的，农村金融机构应当通过账户分析或（　　）等方式，核查贷款使用是否符合约定用途。
    A. 短信沟通　　B. 现场调查　　C. 邮件核对　　D. 电话调查

71. 信用报告查询相关档案资料保管期限为（　　）年，到期可对档案资料进行销毁。
    A. 四　　　　　B. 三　　　　　C. 二　　　　　D. 一

72. 下列关于《个人信用信息基础数据库管理暂行办法》的说法，错误的是（　　）。
    A. 规定了个人信用信息保密原则
    B. 规定了个人信用数据库采集个人信用信息的范围和方式
    C. 规定商业银行和征信服务中心在采集信息时应结合自身的主观判断
    D. 明确个人信用数据库是中国人民银行组织商业银行建立的全国统一的个人信用信息共享平台

73. 对于个人信用报告的异议处理，商业银行应当在接到核查通知的（　　）个工作日内向征信服务中心做出核查情况的书面答复。
    A. 2　　　　　B. 5　　　　　C. 7　　　　　D. 10

74. 王明在校期间申请到了一笔国家助学贷款，毕业时共形成1000元利息。毕业后由于工作未落实，不能归还贷款，又形成500元利息。根据国家有关规定，应由财政贴息的金额为（　　）元。
    A. 1500　　　　B. 1000　　　　C. 750　　　　D. 500

75. 根据《国务院办公厅关于进一步做好房地产市场调控工作有关问题的通知》［国办发（2011）1号］，下列理解错误的是（　　）。
    A. 对个人购买住房不足5年转手交易的，统一按其销售收入全额征税
    B. 对贷款购买第二套住房的家庭，首付款比例不低于60%，贷款利率不低于基准利率的1.1倍
    C. 对房地产开发建设投资达不到20%以上的（不含土地价款）不得以任何方式转让土地及合同约定的土地开发项目
    D. 人民银行各分支机构可根据当地人民政府新建住房价格控制目标和政策要求，在国家统一信贷政策的基础上，提高第二套住房贷款的首付款比率和利率

76. 根据最新监管政策，商业银行对个人住房贷款客户的贷款利率和首付款比例，应主要根据（　　）区别核定。
    A. 自住房或非自住房　　　　　　B. 首次购房或非首次购房
    C. 所购房屋为期房或现房　　　　D. 普通住房或非普通住房

77. 对购买首套自住房且套型建筑面积在90平方米以下的，贷款首付款比例不得低于（　　）。
    A. 80%　　　　B. 70%　　　　C. 30%　　　　D. 20%

78. 个人住房贷款中，借款人的收入是指申请人自身的可支配收入，即单一申请为申请人本人的可支配收入，共同申请为（　　）的可支配收入。
    A. 主申请人　　　　　　　　　　B. 共同申请人
    C. 主申请人和共同申请人　　　　D. 主申请人或共同申请人

79. 武钢本次贷款的月还本付息额2350元，所购房产的月物业管理费预计150元，其他债务月均偿付额300元，借款人月均收入5000元，依据《商业银行房地产贷款风险管理指引》，审查其房产支出与收入比、所有债务与收入比两项指标，下列说

法正确的是（　　）。
A. 两项指标均达到条件
B. 两项指标均未达到条件
C. 房产支出与收入比未达到条件、所有债务与收入比达到条件
D. 房产支出与收入比达到条件、所有债务与收入比未达到条件

80. 根据《商业银行房地产贷款风险管理指引》的规定，商业银行应将借款人住房贷款的月房产支出与收入比控制在_____，月所有债务支出与收入比控制在_____。（　　）
A. 60%以下（含60%）；65%以下（含65%）
B. 55%以下（含55%）；55%以下（含55%）
C. 50%以下（含50%）；55%以下（含55%）
D. 45%以下（含45%）；50%以下（含50%）

二、多项选择题（共30题，每小题1分，共30分。以下各小题所给出的五个选项中，只有两项或两项以上符合题目要求，请选择相应选项，不选、错选均不得分）

1. 互联网金融健康发展需要遵循（　　）的总体要求。
A. 健康发展　　　　　　　　B. 趋利避害
C. 规范秩序　　　　　　　　D. 防范风险
E. 鼓励创新

2. 关于信用卡分期业务，下列说法正确的有（　　）。
A. POS分期是目前最为常见的一种分期方式
B. 账单分期不能免手续费，且期数越长手续费越高
C. 邮购分期一般对持卡人免息免手续费，而向商户收取邮购分期手续费
D. 商场分期又称POS分期，根据分期期数不同，银行会按不同标准收取手续费
E. 消费满额分期业务中，持卡人可以一次申请绑定，所有单笔达到或超过约定金额的大额消费，均可自动免息分期，持卡人可随时申请取消绑定

3. （　　）合资成立信用卡公司，标志着外资银行开始进入我国信用卡市场。
A. 东亚银行　　　　　　　　B. 渣打银行
C. 汇丰银行　　　　　　　　D. 花旗银行集团
E. 上海浦东发展银行

4. 贷款行与借款人确定贷款合同利率时必须参考的因素有（　　）。
A. 央行制定的浮动幅度　　　B. 伦敦同业拆借利率
C. 国内同业拆借利率　　　　D. 借款人意见
E. 法定利率

5. 商业银行可以通过不同的策略来达到营销目的，其中单一策略的特点有（　　）。
A. 目标大、针对性不强、效果差　　B. 针对性强，适宜少数尖端客户
C. 营销渠道狭窄，营销成本高　　　D. 增加大额交易的客户

E. 瞄准特定细分市场，针对特定地理区域

6. 在银行与客户定向交流阶段中，属于一对一精确定位营销的步骤有（　　）。
   A. 保留　　　　　　　　　　　B. 发展
   C. 获得　　　　　　　　　　　D. 认知
   E. 感觉

7. 押品的日常管理与监控包括哪些内容？（　　）
   A. 日常监控　　　　　　　　　B. 台账制度
   C. 权证核对　　　　　　　　　D. 岗位制约
   E. 随机抽查

8. 采用市场法进行资产评估需要满足的最基本的前提条件是（　　）。
   A. 被评估资产处于继续使用状态或被假定处于继续使用状态
   B. 被评估资产的预期收益能够支持其重置及投入价值
   C. 要有一个活跃的公开市场
   D. 被评估资产预期获利年限可以预测
   E. 公开市场上要有可比的资产及其交易活动

9. 押品价值评估是押品管理的重要环节，下列选项中，属于押品价值评估方式的有（　　）。
   A. 间接评估方式　　　　　　　B. 市场评估方式
   C. 内部评估方式　　　　　　　D. 外部评估方式
   E. 直接评估方式

10. 包含在贷款价格中的风险补偿费所补偿的风险包括（　　）。
    A. 延误风险　　　　　　　　　B. 法律风险
    C. 期限风险　　　　　　　　　D. 利率风险
    E. 信用违约风险

11. 对行为评分影响最大的是客户的还款与拖欠行为，（　　）的客户必然意味着更高的信用风险。
    A. 长期不按时还款　　　　　　B. 近期有拖欠情况
    C. 拖欠时间长　　　　　　　　D. 拖欠次数多
    E. 正在拖欠

12. 下列信息中，属于客户关系信息的有（　　）。
    A. 活期存款余额　　　　　　　B. 定期存款余额
    C. 信用卡使用情况　　　　　　D. 信用卡汇总信息
    E. 准贷记卡汇总信息

13. 公积金个人住房贷款业务中，承办银行的职责包括（　　）。
    A. 公积金借款合同签约、发放　B. 贷后审核、催收、查询对账
    C. 贷前调查审核、信息录入　　D. 制定公积金信贷政策
    E. 承担公积金信贷风险

14. 在个人住房贷款的发放环节，存在的主要风险点包括（　　）。

A. 在资金划拨时会计凭证填制不合要求
B. 未对重点贷款使用情况进行跟踪检查
C. 发放金额、期限与审批表不一致
D. 贷款担保手续是否齐备、有效
E. 个人信贷信息录入是否准确

15. 在个人住房贷款业务中，贷款受理和调查中的风险点主要包括（　　）。
A. 不按权限审批贷款，使得贷款超授权发放的风险
B. 借款申请人是否有稳定、合法的收入来源
C. 借款申请人提交的资料是否齐全
D. 借款人调查中的风险
E. 项目调查中的风险

16. 在个人住房贷款业务中，银行主要的合作机构包括（　　）。
A. 房地产评估机构
B. 房地产开发商
C. 律师事务所
D. 担保公司
E. 信托公司

17. 采用收益法进行房地产估价的操作步骤有（　　）。
A. 求取比准价格
B. 预测估价对象的未来收益
C. 求取同报率或资本化率、收益乘数
D. 选用适宜的收益法公式计算出收益价格
E. 搜集并验证与估价对象未来预期收益相关的数据资料

18. 房地产的特性包括不可移动、独一无二以及（　　）。
A. 用途单一
B. 寿命长久
C. 供给有限
D. 流动性差
E. 价值量大

19. 申请商业助学贷款时，借款人须具备的条件有（　　）。
A. 家庭经济确实困难，无法支付正常完成学业所需的基本费用
B. 必要时提供其法定代理人同意申请贷款的书面意见
C. 成绩排名在班级前30%
D. 必要时提供有效的担保
E. 信用记录良好

20. 个人汽车贷款支付管理环节的主要风险点包括（　　）。
A. 直接将贷款资金发放至借款人账户
B. 贷款资金发放前，未审核借款人相关交易资料和凭证
C. 未详细记录资金流向和归集保存相关凭证，造成凭证遗失
D. 在未接到借款人支付申请和支付委托的情况下，直接将贷款资金支付给汽车经销商
E. 合同凭证预签无效、合同制作不合格、合同填写不规范、未对合同签署人及签

字（签章）进行核实

21. 申请二手车个人汽车贷款时，还需特别提供的资料有（   ）。
    A. 车辆年检证明
    B. 首付款证明材料
    C. 车辆出卖人的车辆产权证明
    D. 所交易车辆的机动车辆登记证
    E. 贷款银行认可的评估机构出具的车辆评估报告书

22. 根据《汽车贷款管理办法》的规定，可以申请汽车贷款的是（   ）。
    A. 国内机构借款人
    B. 国内汽车经销商
    C. 在中国境内有固定住所的中国公民
    D. 在中国境内累计居住 2 年的外国人
    E. 在中国境内累计居住 6 个月的港、澳、台居民

23. 个人购买（   ），可以申请个人耐用消费品贷款。
    A. 房屋   B. 家具
    C. 汽车   D. 电脑
    E. 家用电器

24. 个人经营贷款发放后，贷款人要按照（   ）的原则要求进行贷后检查。
    A. 被动   B. 静态
    C. 持续   D. 动态
    E. 主动

25. 贷款人受理借款人个人经营贷款申请后，应履行尽职调查职责，对个人经营贷款申请内容和相关情况的（   ）进行调查核实，形成贷前调查报告。
    A. 合法性   B. 审慎性
    C. 真实性   D. 准确性
    E. 完整性

26. 加强对估值机构、地产经纪和律师事务所等合作机构的准入管理要求银行在该类机构的选择上，应把握（   ）的总体原则。
    A. 盈利能力极强
    B. 内部管理机制科学完善
    C. 具有合法、合规的经营资质
    D. 通过合作切实有利于商用房贷款业务的发展
    E. 具备较强的经营能力和好的发展前景，在同业中处于领先地位

27. 贷款经办行对个人商用房贷款的贷后管理包括（   ）。
    A. 贷后监测   B. 贷后检查
    C. 押品管理   D. 客户关系维护
    E. 违约贷款催收

28. 申请人可以事先约定个人征信查询的接收方式，包括（   ）。

A. 邮寄 B. 电子邮件
C. 现场领取 D. 直接下载
E. 找人代领

29. 如果个人委托代理人对个人信用报告提出异议申请，代理人须提供（   ）。
A. 委托人的个人信用报告 B. 代理人的个人信用报告
C. 具有法律效力的授权委托书 D. 代理人的身份证原件及复印件
E. 委托人的身份证原件及复印件

30. 根据《商业银行房地产贷款风险管理指引》的规定，商业银行应将借款人住房贷款的月房产支出与收入比控制在一定比例之内，其中收入包括（   ）。
A. 申请人自身的可支配收入 B. 共同申请人的可支配收入
C. 申请人子女的可支配收入 D. 申请人配偶的可支配收入
E. 共同申请人配偶的可支配收入

三、判断题（共10题，每小题1分，共10分。请判断以下各小题的对错，正确的用"A"表示，错误的用"B"表示。）

1. 广义征信管理是指通过人民银行个人征信系统进行信用管理。（   ）
2. 信用卡逾期还款或到期不还款，会形成信用不良记录，给今后的工作生活带来不利的影响。（   ）
3. 在定向营销时，银行应重点营销优质客户，但在办理业务时应做到公平，不可区别对待。（   ）
4. 抵质押管理岗应及时、准确、完整地将押品的评估基准日、评估方式等信息录入相关系统。（   ）
5. 银行接受的押品具有财产价值，并可依法转让变现。（   ）
6. 如果在同一供求范围内存在较多类似房地产的交易，则可以采用市场法进行房地产估价。（   ）
7. 个人旅游消费贷款只能用于借款申请人本人参加的旅游消费。（   ）
8. 下岗失业小额担保贷款可以向港、澳、台地区的下岗失业人员发放。（   ）
9. 个人信用信息基础数据库的计算机系统会记录每一个用户对每一笔信用报告的查询操作。（   ）
10. 商业性个人住房贷款中居民家庭住房套数，应依据拟购房家庭（包括借款人、配偶及未成年子女）成员名下实际拥有的成套住房数量进行认定。（   ）

四、综合题（共20分）

1. 冯刚2008年1月采用组合贷款法购买了住房一套，购买当月开始还款。其中40万元的公积金贷款采用等额本金贷款方式，贷款利率为5.22%，其余34万元采用等额本息的商业贷款，贷款利率为6.65%，贷款期限均为20年。

（1）冯刚公积金贷款的第一个月的还款额为（   ）元。（单项选择题，2分）
A. 2501.67 B. 3406.67 C. 3502.91 D. 4506.67

(2) 冯刚公积金贷款偿还的利息总额为（　　）元。（单项选择题，3分）
　　A. 209670.00　　　B. 229872.25　　　C. 241967.00　　　D. 251492.15
(3) 冯刚公积金贷款中第三年偿还的利息总额为（　　）元。（单项选择题，3分）
　　A. 20149.00　　　B. 18313.50　　　C. 17241.28　　　D. 16921.25
(4) 冯刚商业贷款的月还款额为（　　）元。（单项选择题，2分）
　　A. 2108.70　　　B. 2261.20　　　C. 2314.50　　　D. 2565.06
(5) 冯刚商业贷款偿还的利息总额为（　　）元。（单项选择题，2分）
　　A. 275614.40　　　B. 215480.00　　　C. 202688.00　　　D. 166088.00

2. 李天的女儿小美今年大学毕业。她最近收到了欧洲某大学的入学通知书。李天准备向银行申请留学贷款50万元人民币。
   (1) 若李天用其价值80万的房产作为抵押，则银行为他提供的留学贷款的最高限额是（　　）万元人民币。（单项选择题，2分）
　　A. 50　　　B. 48　　　C. 40　　　D. 24
   (2) 若李天用其价值40万的银行存单作为质押品，则银行为他提供的留学贷款的最高限额是（　　）万元人民币。（单项选择题，2分）
　　A. 24　　　B. 28　　　C. 32　　　D. 36
   (3) 李天申请的出国留学贷款需遵循的基本原则为（　　）。（多项选择题，2分）
　　A. 分类管理　　　　　　　　B. 专款专用
　　C. 有效担保　　　　　　　　D. 按期偿还
　　E. 部分自筹
   (4) 下列关于出国留学贷款说法正确的有（　　）。（多项选择题，2分）
　　A. 贷款期限一般为1~6年
　　B. 需要提供一定的担保措施
　　C. 贷款对象为留学人员或其直系亲属
　　D. 贷款到期日时借款人的实际年龄不得超过60周岁
　　E. 贷款的偿还遵循"贷人民币还人民币"和"贷外汇还外汇"的原则

模拟试卷（一）参考答案及解析

一、单项选择题

1. 【答案】　A
【解析】目前，商业银行互联网个人贷款本质上仍然是个人贷款，主要受银监会《个人贷款管理暂行办法》的指导与监管。

2. 【答案】　C
【解析】信用风险又称违约风险，是指交易对方未能履行义务而造成经济损失的风险，它是金融风险的主要类型。

3. 【答案】　A
【解析】A项，信用卡将商业银行业务成功嫁接到现代高科技平台，对实现银行科技进步有着巨大的推进作用。

4.【答案】 B

【解析】根据题中资料可知,该笔贷款还款期划分为了两段,第二段还款额比前一段上浮了固定的比例,在两段还款期中,每月均以相同的偿还额归还贷款本息,显然此种还款方式属于等比累进还款法。

5.【答案】 A

【解析】到期一次还本付息法又称期末清偿法,指借款人需在贷款到期日还清贷款本息,利随本清。此种方式一般适用于期限在1年以内(含1年)的贷款。

6.【答案】 D

【解析】采用等额累进还款法,当借款人还款能力发生变化时,可通过调整累进额或间隔期来适应客户还款能力的变化。对于收入增加的客户,可采取增大累进额、缩短间隔期的办法,使借款人分期还款额增多;对于收入减少的客户,可采取减少累进额、扩大间隔期的方法使借款人分期还款额减少,以减轻其还款压力。

7.【答案】 C

【解析】商业助学贷款的发放实行"部分自筹、有效担保、专款专用和按期偿还"的原则;国家助学贷款的发放实行"财政贴息、风险补偿、信用发放、专款专用和按期偿还"的原则。

8.【答案】 B

【解析】B项,个人信用贷款额度较小,最高不超过100万元。对于信用卡来说,有的额度甚至只有1000元。

9.【答案】 C

【解析】C项,个人住房贷款是指银行向自然人发放的用于购买、建造和大修理各类型住房的贷款,属于个人消费类贷款。

10.【答案】 B

【解析】个人贷款的对象仅限于自然人,而不包括法人、经济组织、社会团体等。合格的个人贷款申请人必须是具有完全民事行为能力的自然人。

11.【答案】 B

【解析】B项,客户可以根据自己的需求和还款能力的变化情况,与贷款银行协商后改变还款方式。

12.【答案】 D

【解析】等额本息还款法是每月以相等的额度偿还贷款本息,其中归还的本金和利息的配给比例是逐月变化的,利息逐月递减,本金逐月递增。

13.【答案】 D

【解析】D项,针对P2P网络监管,需要明确平台的中介性质,主要为借贷双方的直接借贷提供信息交互、撮合、资信评估等中介服务。

14.【答案】 D

【解析】情感营销是在单一营销的基础上注入人性化的营销理念,它不局限于满足客户的一次性需要,而是用情感打动客户的心,把客户终身套牢,一生一世甚至几代人成为一家银行的忠实客户。题中，中国银行（香港）有限公司的做法即属于此种策略。

15．【答案】　A

【解析】国际市场上的普遍规律是20%的强势品牌占据着80%的市场，并且市场领袖品牌的平均利润率为第二品牌的4倍，如一个知名品牌，可以将产品本身的价格提高20%~40%。

16．【答案】　A

【解析】B项，产品型营销组织适用于具有多种产品且产品差异很大的银行；C项，市场型营销组织适用于面临的产品市场可加以划分，即每个不同分市场有不同偏好的消费群体的银行；D项，区域型营销组织适用于在全国范围内的市场上开展业务的银行。

17．【答案】　A

【解析】银行根据年轻客户的个性偏好、消费特点进行信用卡定位，并打造出适合他们的产品是一种客户定位策略，即根据客户的资产规模、业务需求和个性偏好定位，从而快速与客户达成一致。

18．【答案】　B

【解析】银行在进行市场定位时，要突出自身的外部特色和内部特色，其中突出内部特色是指在同一银行甚至同一城市中的一家银行，根据所处地理位置或自身服务等特点，区分出不同的特色设置分支机构，如中国建设银行深圳分行的"女子特色银行"、"汽车银行"和"口岸银行"，有的银行开设的"大学生银行"等。

19．【答案】　B

【解析】根据差异性原则，细分市场的标准必须能让银行明确划分客户市场与市场范围，每个细分市场应对不同的营销活动有不同的反应。如果各个细分市场对企业营销组合策略中任何要素的变化都做出相同或类似的反应，就说明市场细分违反了差异性原则，应进行调整，否则不利于企业向消费者提供差异化、个性化的产品。

20．【答案】　D

【解析】经济性原则是指所选定的细分市场的营销成本是经济的，市场规模是合理的，并且商业银行在这一市场是有利可图、可以盈利的。如果细分市场的规模过小、市场容量太小、获利少，银行应放弃该市场。

21．【答案】　A

【解析】利益因素，即按客户利益动机的不同细分市场，客户在购买银行产品时所追求的利益是不同的。

22．【答案】　B

【解析】对于银行来说，由于市场具有不确定性，不同的金融产品也有不同的服务对象，这就要求银行必须把市场和客户再分成若干区域和群体，一对一地把银行产品和服务投放到适合的位置。此过程就是银行市场细分，所分出的市场称为细分市场。

23．【答案】　C

【解析】市场细分是企业营销思想的新发展，顺应了卖方市场向买方市场转变这一新的市场形势，是企业经营惯用市场导向这一营销观念的自然产物。

24．【答案】　C

【解析】A项，办理解押手续，原则上要按还款进度分次分批办理，不得委托客户单独办理，不得提前、超比例解除押品；B 项，变更后的抵质押率不得超过抵质押率上限或审批核定的抵质押率；D 项，授信合同项下押品所担保的全部债务清偿完毕后，经办行（机构）客户经理应返还办理抵押（出质）人所保管的押品权属证明及有关单证。

25.【答案】 D

【解析】D 项，对容易受到自然灾害或意外事故影响造成损失的押品，经办行（机构）应陪同投保人共同办理保险，原则上应购买财产综合险或财产一切险，保险费用由投保人承担。

26.【答案】 A

【解析】押品价值评估的主要方法有市场法、成本法和收益法等。评估人员可根据押品的类型、特点、在评估过程中所处的状态、评估目的、评估时的市场条件及数据资料的搜集情况等因素选择与押品相适应的评估方法。

27.【答案】 C

【解析】C 项，违约概率模型可细分为行为模型和无行为模型，行为模型以客户的历史行为信息为预测变量，对于类似于"新开户即逾期"的无行为信息的客户，需要根据基本信息或其他外部信息构建预测变量。

28.【答案】 A

【解析】零售行为评分主要包括信用卡行为评分和个贷行为评分。其中，个贷行为评分一般包括房贷行为评分、消费贷行为评分和车贷行为评分。

29.【答案】 D

【解析】D 项为个人贷款定价模型的一种。

30.【答案】 D

【解析】由于信用评分的基础数据，要实现申请评分进行自动审批、提高审批效率、统一风险偏好的功能目标，必须保证评分所依据的数据是真实的、有效的、合法合规的。因此，评分环节是在贷款调查和审核之后，人工审批和贷款发放之前。

31.【答案】 A

【解析】在个人贷款的划付环节，借款人可以委托贷款银行或其他代理人代为办理。如借款人委托其他自然人代办的，代理人应持本人身份证件、借款人身份证件和借款人授权委托书到柜台办理。贷款银行认为有必要的，可以要求对授权委托书进行公证。

32.【答案】 D

【解析】在填写个人贷款合同时，需要填写空白栏，且空白栏后有备选项的，在横线上填好选定的内容后，对未选的内容应加横线表示删除；合同条款有空白栏，但根据实际情况不准备填写内容的，应加盖"此栏空白"字样的印章。

33.【答案】 D

【解析】为了防止部分借款申请人通过抬高房价的方式骗贷，银行应该对房屋进行全面的估价。估价方法一般包括：①通过"网上房地产"进行询价，以确定房价大致的合理范围；这是大多数银行目前采用的主要方式；②建立自己的房地产交易信息库，通过对相同或是类似房屋的查询，利用房地产估价中的比较法进行价格的确定；③可以与专业的房地产估价公司合作，对某些估价难度大的房屋进行联合估价。

34.【答案】 B

【解析】对个人住房贷款楼盘项目的审查包括对开发商资信的审查、项目本身的审查以及对项目的实地考察。其中对项目本身的审查包括项目资料的完整性、真实性和有效性审查，项目的合法性审查，项目工程进度审查，项目资金到位情况审查。

35.【答案】 A

【解析】房地产估价方法中，市场法适用的对象是交易活跃的房地产；成本法特别适用于那些既无收益又很少发生交易以及有独特设计需要的房地产的估价；收益法适用的对象是有收益或有潜在收益的房地产；假设开发法适用于具有投资开发或再开发潜力的房地产的估价，如待开发的土地、在建工程、可装修改造或可改变用途的旧房等。

36.【答案】 B

【解析】房地产估价方法主要有市场法、成本法、收益法、假设开发法、长期趋势法、基准地价修正法等。其中，市场法的难点在于如何保证可比实例成交价格的客观合理性，以及如何对其各种因素进行修正或调整；成本法的难点在于不同时期、不同地区、不同类型房地产的价格构成极其复杂，且折旧包含物质上、功能上和经济上的价值减损，求取的难度较大。

37.【答案】 A

【解析】替代原则要求估价结果不得明显偏离类似房地产在同等条件下的正常价格。类似房地产是指在用途、规模、档次、建筑结构、权利性质等方面与估价对象处在同一供求范围内的房地产。

38.【答案】 A

【解析】目前我国政府关于土地使用权出让年限的规定如下：居住用地70年，工业用地50年，教育、科技、文化卫生、体育用地50年，商业、旅游、娱乐用地40年，综合或其他用地50年。

39.【答案】 C

【解析】二手房交易需缴纳的税费主要有契税、印花税、土地出让金、转移登记费、交易手续费、营业税及附加、个人所得税等。其中，个人所得税是指在二手房交易中，税务部门向卖方征收交易所产生的差价获得的收入。

40.【答案】 A

【解析】贷款期限在1年以上的个人住房贷款，合同期内遇法定利率调整时，可由借贷双方按商业原则确定，可在合同期间按月、按季、按年调整，也可采用固定利率的确定方式。但实践中，银行多是于次年1月1日起按相应的利率档次执行新的利率规定。

41.【答案】 A

【解析】银行要先和公积金管理中心签订《住房公积金贷款业务委托协议书》，取得公积金个人住房贷款业务的承办权之后才能接受委托办理公积金个人住房贷款业务。根据委托协议及公积金管理中心的具体要求，接受当地公积金管理中心委托，承办银行受托办理公积金借款咨询和申请，经办人员会告知借款人必须符合当地公积金管理中心规定的住房公积金贷款条件。

42.【答案】 D

【解析】"担保放大倍数"即担保公司对外提供担保的余额与自身实收资本的倍数,倍数过大会造成过度担保而导致最终无力代偿。

43. 【答案】 A

【解析】按照资金来源划分,个人住房贷款包括自营性个人住房贷款、公积金个人住房贷款和个人住房组合贷款。A项,新建房个人住房贷款属于按照住房交易形态划分的种类。

44. 【答案】 B

【解析】B项,验证借款人的工资收入主要用于甄别借款人的还款能力。

45. 【答案】 B

【解析】从操作风险的角度看,由于缺乏必要的相关法律约束,再加上各大商业银行之间激烈的竞争,银行的业务部门有时为了扩大其业务范围,放松对借款人的审批条件。在操作过程中,没有严格的抵押住房登记制度,贷款的前台、中台与后台没有进行责任上的严格区分,对客户的资信情况没有进行严格把关。操作风险是一种非系统性风险,B项,某地区的抵押登记制度不健全属于系统性风险。

46. 【答案】 D

【解析】D项,根据《担保法》规定,学校、医院等公益性事业单位公益财产,所有权不明、有争议的以及宅基地使用权不得设定抵押,共有财产的抵押须取得共有人的同意等,公司董事、经理不得以公司财产为个人提供抵押担保等。

47. 【答案】 D

【解析】根据现行规定,个人住房贷款最低首付款比例为20%。其中,在不实施"限购"措施的城市,居民家庭首次购买普通住房的商业性个人住房贷款,原则上最低首付款比例为25%,各地可向下浮动5个百分点;对于实施"限购"措施的城市,贷款购买首套普通自住房的家庭,个人住房贷款最低首付款比例为30%。

48. 【答案】 B

【解析】B项属于难以预测的不可抗力因素所导致的贷款风险,不属于操作风险的范畴。

49. 【答案】 D

【解析】贷款发放后,应根据贷款种类分别建立信贷台账,台账应记录借款人的基本信息和贷款信息。其中,贷款信息包括账号、合同金额、期限、放款日期、还款方式、担保方式、贷款利率、贷款余额、拖欠本金、应收利率、催收利息、账户状态、风险状态等要素。

50. 【答案】 A

【解析】A项,休学的借款学生复学当月恢复财政贴息。

51. 【答案】 A

【解析】A项是申请商业助学贷款需要提交的材料。国家助学贷款因为无需担保,申请时不需要提供该项材料。国家助学贷款需要提交的资料除BCD三项外,还包括借款人同班同学或老师共两名见证人的身份证复印件及学生证或工作证复印件。

52. 【答案】 B

【解析】国家助学贷款采用信用贷款的方式,家长并不对贷款提供连带保证责任。

53. 【答案】 B

【解析】对于符合贷款条件的客户，如其资金周转存在一定的周期性，在准确把握其还款能力的基础上，也可选择按月还息、按计划表还本的还款方式，但在此种还款方式下，借款人必须在贷款发放后的第四个月开始偿还首笔贷款本金。

54. 【答案】 B

【解析】B项，银行贷款回收的原则是先收息、后收本，全部到期、利随本清。

55. 【答案】 A

【解析】A项，对采取抵押担保方式的，银行应要求抵押物共有人当面签署个人汽车借款抵押合同，以确保担保的真实性，而不仅仅是取得抵押物共有人的授权。

56. 【答案】 A

【解析】A项，贷款审批人应根据审查情况签署审批意见，对不同意贷款的，应写明拒批理由。

57. 【答案】 D

【解析】借款人应按合同约定的计划按时还款，如果确实无法按照计划偿还贷款，可以申请展期。借款人须在贷款全部到期前30天提出展期申请。

58. 【答案】 A

【解析】借款申请人的主体资格是否符合银行个人汽车贷款管理办法的相关规定是个人汽车贷款受理和调查环节存在的操作风险，银行接收一笔个人车贷申请时，首先将面临申请人主体资格的问题，不符合银行规定的主体可能为银行贷款安全带来隐患。B项是贷款审查、审批环节的操作风险；C项是贷款签约、发放环节的操作风险；D项是信用风险。

59. 【答案】 B

【解析】根据有关规定，个人汽车贷款的申请人应具备一定的主体资格，即具有完全民事行为能力、还款能力和明确真实的购车意图等。

60. 【答案】 C

【解析】贷款受理人应要求借款申请人以书面形式提出个人汽车贷款借款申请，并按银行要求提交能证明其符合贷款条件的相关申请材料。对于有共同申请人的，应同时要求共同申请人提交有关申请材料。如为"间客式"模式办理，需要提供由汽车经销商出具的购车意向证明；如为"直客式"模式办理，则不需要在申请贷款时提供此项。

61. 【答案】 B

【解析】B项，开户放款完成后，银行应将放款通知书、个人贷款信息卡等一并交借款人作回单。

62. 【答案】 D

【解析】有下列情形之一的农户贷款，经农村金融机构同意可以采取借款人自主支付：①农户生产经营贷款且金额不超过50万元，或用于农副产品收购等无法确定交易对象的；②农户消费贷款且金额不超过30万元；③借款人交易对象不具备有效使用非现金结算条件的；④法律法规规定的其他情形。

63. 【答案】 A

【解析】农村金融机构应当建立贷款档案管理制度，及时汇集更新客户信息及贷款情况，确保农户贷款档案资料的完整性、有效性和连续性。根据信用情况、还本付息和经营风险等情况,对客户信用评级与授信限额进行动态管理和调整。

64.【答案】 D

【解析】借款合同生效后,农村金融机构应当按合同约定及时发放贷款。贷款采取自主支付方式发放时,必须将款项转入指定的借款人结算账户,严禁以现金方式发放贷款,确保资金发放给真实借款人。

65.【答案】 D

【解析】个人经营贷款在贷款期限内,借款人可根据实际情况,提出变更还款方式,但需要满足如下条件:①应向银行提交还款方式变更申请书;②借款人的贷款账户中没有拖欠本息及其他费用;③借款人在变更还款方式前应归还当期的贷款本息。

66.【答案】 C

【解析】与商用房贷款不同,个人经营贷款的合作机构主要是担保机构。为了有效规避担保机构给银行贷款带来的风险,银行应采取如下防控措施:①严格专业担保机构的准入;②严格执行回访制度。

67.【答案】 A

【解析】商用房贷款受理环节的风险点主要在以下几方面:①借款申请人的主体资格是否符合银行商用房贷款管理办法的相关规定;②借款申请人所提交的材料是否真实、合法;③借款申请人的担保措施是否足额、有效;④未按规定建立、执行贷款面谈、借款合同面签制度;⑤授意借款人虚构情节获得贷款。对银行来说,银行(贷款人)未按规定保管借款合同,造成合同损毁为其带来的风险属于贷后管理中的风险。

68.【答案】 C

【解析】商用房贷款主要面临的是开发商带来的项目风险和估值机构、地产经纪等带来的欺诈风险。与商用房贷款不同,个人经营贷款的合作机构主要是担保机构。

69.【答案】 C

【解析】为了有效规避个人经营贷款保证人还款能力发生变化的风险,贷款银行应当选择信用等级高、还款能力强的保证人,且保证人信用等级不能低于借款人,不接受股东之间和家庭成员之间的单纯第三方保证方式。

70.【答案】 B

【解析】采用借款人自主支付的,农村金融机构应当与借款人在借款合同中明确约定;农村金融机构应当通过账户分析或现场调查等方式,核查贷款使用是否符合约定用途。

71.【答案】 B

【解析】查询机构要按业务档案管理规定对档案资料(包括相关文件)进行管理。信用报告查询相关档案资料保管期限为三年,到期可对档案资料进行销毁。

72.【答案】 C

【解析】C项,《个人信用信息基础数据库管理暂行办法》规定了个人信用信息的客观性原则,即个人信用数据库采集的信息是个人信用交易的原始记录,商业银行和征信服务中心不得增加任何主观判断。

73.【答案】 D

【解析】征信服务中心内部核查未发现个人信用数据库处理过程存在问题的,应当立即书面通知提供相关信息的商业银行进行核查。商业银行应当在接到核查通知的10个工作日内向征信服务中心作出核查情况的书面答复。

74.【答案】 B

【解析】国家助学贷款实行借款学生在校期间的贷款利息全部由财政补贴，毕业后全部自付的办法，借款学生毕业后开始计付利息。

75.【答案】 C

【解析】C项，《国务院办公厅关于进一步做好房地产市场调控工作有关问题的通知》规定，要依法查处非法转让土地使用权的行为，对房地产开发建设投资达不到25%以上的（不含土地价款），不得以任何方式转让土地及合同约定的土地开发项目。

76.【答案】 B

【解析】根据《关于加强商业性房地产信贷管理的通知》的规定，对购买首套自住房且套型建筑面积在90平方米以下的，贷款首付款比例（包括本外币贷款，下同）不得低于20%；对购买首套自住房且套型建筑面积在90平方米以上的，贷款首付款比例不得低于30%；对已利用贷款购买住房、又申请购买第二套（含）以上住房的，贷款首付款比例不得低于40%。

77.【答案】 D

【解析】对购买首套自住房且套型建筑面积在90平方米以下的，贷款首付款比例（包括本外币贷款，下同）不得低于20%；对购买首套自住房且套型建筑面积在90平方米以上的，贷款首付款比例不得低于30%。

78.【答案】 C

【解析】根据《商业银行房地产贷款风险管理指引》第三十六条，个人住房贷款借款人的收入是指申请人自身的可支配收入，即单一申请为申请人本人的可支配收入，共同申请为主申请人和共同申请人的可支配收入。

79.【答案】 D

【解析】根据《商业银行房地产贷款风险管理指引》第三十六条，商业银行应将借款人住房贷款的月房产支出与收入比控制在50%以下（含50%），月所有债务支出与收入比控制在55%以下（含55%）。本题中，月房产支出与收入比＝（本次贷款的月还款额＋月物业管理费）/月均收入＝（2350＋150）/5000＝50%；所有债务与收入比＝（本次贷款的月还款额＋月物业管理费＋其他债务月均偿付额）/月均收入＝（2350＋150＋300）/5000＝56%。

80.【答案】 C

【解析】根据《商业银行房地产贷款风险管理指引》第三十六条，商业银行应将借款人住房贷款的月房产支出与收入比控制在50%以下（含50%），月所有债务支出与收入比控制在55%以下（含55%）。

二、多项选择题

1.【答案】 ABDE

【解析】为鼓励金融创新，促进互联网金融健康发展，明确监管责任，规范市场秩序，经党中央、国务院同意，相关部门联合印发了《关于促进互联网金融健康发展的指导意见》，遵循"鼓励创新、防范风险、趋利避害、健康发展"的总体要求。

2. 【答案】 BCDE

【解析】A项，账单分期是目前最为常见的一种分期方式。

3. 【答案】 DE

【解析】2003年4月，中国人民银行批准花旗银行集团和上海浦东发展银行合资成立信用卡公司，标志着外资银行开始进入我国信用卡市场。

4. 【答案】 ADE

【解析】合同利率是指贷款银行根据法定贷款利率和中国人民银行规定的浮动幅度范围以及利率政策等，经与借款人共同商定，并在借款合同中载明的某一笔具体贷款的利率。

5. 【答案】 BC

【解析】单一营销策略是针对每一个客户的个体需求而设计不同的产品或服务，有条件地满足单个客户的需要，其特点是针对性强，适宜少数尖端客户，能够为客户提供需要的个性化服务，但营销渠道狭窄，营销成本太高。A项是大众营销策略的特点；D项是低成本策略的特点；E项是专业化策略的特点。

6. 【答案】 ABC

【解析】在与客户交流阶段，通常会涉及几个步骤，分别是感觉、认知、获得、发展和保留。前两点很容易做到，通常作为大众式营销的基本手段，以广告形式最为常见，以建立品牌效应为主要目的；而后三个步骤，就是一对一的精确定位营销，以销售为最终目的。

7. 【答案】 ABCD

【解析】押品的日常管理与监控包括：①岗位制约；②台账制度；③权证核对；④定期检查；⑤日常监控。

8. 【答案】 CE

【解析】押品价值评估的主要方法有市场法、成本法和收益法等。AB两项，是采用成本法评估资产的前提条件；D项，是采用收益法必须具备的前提条件。

9. 【答案】 CDE

【解析】押品价值评估主要有以下三种方式：①内部评估方式，指由银行的内部评估人员对拟接受押品进行价值评估；②外部评估方式，指由银行认可的合作评估机构的外部评估师对银行拟接受的押品进行价值评估；③直接评估方式，指参考公开市场价格、历史平均价格或最近成交价格，按照审慎原则直接确定拟接受押品的评估价值。

10. 【答案】 BCDE

【解析】风险补偿费是指对贷款可能发生风险的必要补偿，具体包括以下几种：①信用违约风险；②期限风险；③提前偿还风险；④利率风险；⑤法律风险等。

11. 【答案】 ACD

【解析】对行为评分影响最大的就是客户的还款与拖欠行为。经常拖欠、拖欠时间长的客户必然意味着更高的信用风险，而长期按时还款的客户自然是优质的客户。行为评分并不仅仅参考客户当前的逾期状况，而是综合考虑客户过去一年甚至更长时间的还款情况。

12. 【答案】 ABC

【解析】客户关系信息，主要分为存款类信息和贷款类信息。其中，银行存款类信息包括定期存款余额、活期存款余额、证券资金账户使用情况、理财账户使用情况；银行贷款类信息包括个人贷款类信息、信用卡使用情况；银行综合类信息包括黑名单信息、客户贡献度、是否为VIP客户。DE两项，属于个人征信信息。

13．【答案】　ABC
【解析】公积金个人住房贷款业务中，承办银行的基本职责有公积金借款合同签约、发放、职工贷款账户设立和计结息以及金融手续操作；可委托代理的职责有贷前咨询受理、调查审核、信息录入、贷后审核、催收、查询对账。DE两项属于公积金管理中心的基本职责。

14．【答案】　ACDE
【解析】贷款发放环节的主要风险点如下：①个人信贷信息录入是否准确，贷款发放程序是否合规；②贷款担保手续是否齐备、有效，抵（质）押物是否办理抵（质）押登记手续；③在发放条件不齐全的情况下放款；④在资金划拨中的风险点有会计凭证填制不合要求，未对会计凭证进行审查，贷款以现金发放的，没有"先记账、后放款"等；⑤未按规定的贷款金额、贷款期限、贷款的担保方式、贴息等发放贷款，导致贷款错误核算，发放金额、期限与审批表不一致，造成错误发放贷款。B项属于贷后管理环节的风险。

15．【答案】　BCDE
【解析】贷款受理环节的风险点主要有：①借款申请人的主体资格是否符合所申请贷款管理办法的规定。包括是否具有完全民事行为能力；对不能提供1年以上当地纳税证明或社会保险缴纳证明的非本地居民暂停发放购买住房贷款；是否有稳定、合法的收入来源，有按期偿还本息的能力。②借款申请人提交的资料是否齐全，格式是否符合银行的要求；所有原件和复印件之间是否一致。贷前调查环节的风险点主要有：①项目调查中的风险；②借款人调查中的风险。A项属于贷款审查和审批中的风险。

16．【答案】　ABCD
【解析】在个人住房贷款业务中，除房地产开发商外，银行其他社会合作机构包括：房地产评估机构、担保公司和律师事务所等。个人住房贷款业务很少涉及信托公司。

17．【答案】　BCDE
【解析】A项是市场法的操作步骤。

18．【答案】　BCDE
【解析】房地产的特性包括：①不可移动；②独一无二；③寿命长久；④供给有限；⑤价值量大；⑥流动性差；⑦用途多样；⑧相互影响。

19．【答案】　BDE
【解析】借款人申请商业助学贷款，须具备贷款银行要求的下列条件：①具有中华人民共和国国籍，具有完全民事行为能力，并持有合法身份证件；②无重大不良信用记录，不良信用等行为评价标准由贷款银行制定；③必要时需提供有效的担保；④必要时需提供其法定代理人同意申请贷款的书面意见；⑤贷款银行要求的其他条件。

20．【答案】　ABCD
【解析】E项属于个人汽车贷款签约和发放的风险。

21．【答案】　ACDE
【解析】B项是一般性的要求。除ACDE四项外，申请二手车个人汽车贷款时，还需特别提供购车意向证明。

22. 【答案】 ABCD

【解析】为便于对汽车贷款进行风险管理,《汽车贷款管理办法》将借款人细分为个人、汽车经销商和机构借款人,并首次明确除中国公民以外,在中国境内连续居住1年以上(含1年)的港、澳、台居民以及外国人均可申请个人汽车贷款。

23. 【答案】 BDE

【解析】耐用消费品通常是指价值较大、使用寿命相对较长的家用商品,包括除汽车、住房外的家用电器、电脑、家具、健身器材、乐器等。个人购买上述耐用消费品时,可以申请个人耐用消费品贷款。

24. 【答案】 CDE

【解析】个人经营贷款发放后,贷款人要按照主动、动态、持续的原则要求进行贷后检查,通过实地现场检查和非现场监测方式,对借款人有关情况真实性、收入变化情况,以及其他影响个人经营贷款资产质量的因素进行持续跟踪调查、分析,并采取相应补救措施。

25. 【答案】 CDE

【解析】在个人经营贷款的贷前调查中,贷款人受理借款人个人经营贷款申请后,应履行尽职调查职责,对个人经营贷款申请内容和相关情况的真实性、准确性、完整性进行调查核实,形成贷前调查报告。

26. 【答案】 BCDE

【解析】在估值机构、地产经纪和律师事务所等合作机构的选择上,银行应把握以下几条总体原则:①具有合法、合规的经营资质;②具备较强的经营能力和好的发展前景,在同业中处于领先地位;③内部管理机制科学完善,包括高素质的高管人员、有明确合理的发展规划、业务人员配备充足和有完善的业务办理流程等;④通过合作切实有利于商用房贷款业务的发展,包括可以拓展客户营销渠道、提高业务办理效率和客户服务质量、降低操作成本等。

27. 【答案】 BCDE

【解析】个人商用房贷款贷后管理相关工作由贷款经办行及信贷管理部门共同负责。贷款经办行贷后管理内容包括客户关系维护、押品管理、违约贷款催收及相应的贷后检查等工作。信贷管理部门负责贷后监测、检查及对贷款经办行贷后管理工作的组织和督导。

28. 【答案】 ABC

【解析】申请人可以事先约定个人征信查询的接收方式,包括:①现场领取,申请人在约定日期内到当初提交申请的查询机构领取查询结果;②电子邮件或邮寄,查询机构在约定日期内发出电子邮件或特快专递。

29. 【答案】 ACDE

【解析】如果个人委托代理人提出异议申请,代理人须提供委托人(个人自己)和代理人的身份证原件及复印件、委托人的个人信用报告、具有法律效力的授权委托书。B项,代理人的信用报告与委托人的异议申请并无关系,无需提供。

30. 【答案】 ABD

【解析】根据《商业银行房地产贷款风险管理指引》第三十六条,商业银行应将借款人住房贷款的月房产支出与收入比控制在一定比例之内，其中的收入应该是指申请人自身的可支配收入，即单一申请为申请人本人可支配收入，共同申请为主申请人和共同申请人的可支配收入。但对于单一申请的贷款，如商业银行考虑将申请人配偶的收入计算在内，则应该先予以调查核实，同时对于已将配偶收入计算在内的贷款也应相应地把配偶的债务一并计人。

三、判断题

1. 【答案】　B

【解析】征信管理分为广义征信管理与狭义征信管理。狭义征信管理是指通过人民银行个人征信系统进行信用管理。广义征信管理是指根据个人身份信息，借助更多途径、更大范围了解个人信用情况，即以人民银行个人征信系统与公安机关身份信息管理系统为基础，以商业征信机构的大数据信息为补充，综合判断客户的信用情况。

2. 【答案】　A

【解析】信用卡逾期还款或到期不还款，不但可能会造成法律纠纷，承担高额罚息，还会形成信用不良记录，给今后的工作生活带来不利影响。

3. 【答案】　B

【解析】在定向营销时，银行应重点营销优质客户，加大对优质客户的定向营销力度，对于优质客户要开辟绿色通道，在办理业务时做到区别对待，争取在定向营销上取得更大的突破。

4. 【答案】　B

【解析】抵质押管理岗应把抵质押权生效方式、权利人、权证登记等信息及时、准确、完整地录入相关系统；内部评估人员应及时、准确、完整地将押品的评估基准日、评估方式、评估机构名称、评估方法、评估结果、评估价值等信息录入相关系统。

5. 【答案】　A

【解析】具有财产价值，并可依法转让变现是银行接受的押品应符合的基本底线要求。

6. 【答案】　A

【解析】市场法适用的条件是在同一供求范围内存在较多类似房地产的交易。如在房地产市场发育不良、市场不活跃的地区，则难以采用市场法估价。

7. 【答案】　B

【解析】个人旅游消费贷款是指银行向自然人发放的、用于借款人个人及其家庭成员（包括借款申请人的配偶、子女及其父母）参加银行认可的各类旅行社（公司）组织的国内、外旅游所需费用的贷款。

8. 【答案】　B

【解析】下岗失业小额担保贷款是指银行在政府指定的贷款担保机构提供担保的前提下，向中华人民共和国境内（不含港、澳、台地区）的下岗失业人员发放的人民币贷款。

9. 【答案】　A

【解析】个人信用信息基础数据库对查看信用报告的商业银行信贷人员进行管理，每一个用户在进入该系统时都要登记注册，而且计算机系统还自动追踪和记录每一个用户查询个人信用报告的情况，并展示在个人的信用报告中。

10.【答案】 A

【解析】根据《关于规范商业性个人住房贷款中第二套住房认定标准的通知》的规定，商业性个人住房贷款中居民家庭住房套数，应依据拟购房家庭（包括借款人、配偶及未成年子女）成员名下实际拥有的成套住房数量进行认定。

四、综合题

1.（1）【答案】 B

【解析】第一个月的还款额 = 400000/（12×20）＋400000×5.22%/12＝3406.67（元）。

（2）【答案】 A

【解析】公积金偿还的利息总额 = $5.22\%/12 \times \left[240 \times 400000 - \frac{400000}{240} \times \frac{(1+239) \times 239}{2}\right]$ = 209670.00（元）

（3）【答案】 B

【解析】第三年利息总额 = $5.22\%/12 \times \left[12 \times 400000 - \frac{400000}{240} \times \frac{(24+35) \times 12}{2}\right]$ = 18313.50（元）。

（4）【答案】 D

【解析】等额本息还款法是指在贷款期限内每月以相等的金额平均偿还贷款本金和利息的还款方法。每月等额偿还贷款本息是个人住房抵押贷款中最常见的一种还款方式。冯刚商业贷款的月还款额 = $\frac{340000 \times 6.65\%/12 \times (1+6.65\%/12)^{12 \times 20}}{(1+6.65\%/12)^{12 \times 20} - 1}$ = 2565.06（元）。

（5）【答案】 A

【解析】商业贷款偿还的利息总额 = 2565.06×240－340000＝275614.40（元）

2.（1）【答案】 B

【解析】申请留学贷款时以房产抵押，贷款最高额不超过经贷款人认可的抵押物价值的60%。留学贷款最高限额：80×60%＝48（万元）。

（2）【答案】 C

【解析】申请留学贷款时以国债、贷款行存单质押等进行质押的，贷款最高额不超过质押物价值的80%。留学贷款最高限额＝40×80%＝32（万元）。

（3）【答案】 BCDE

【解析】出国留学贷款是指银行向个人发放的用于出国留学所需学杂费、生活费或留学保证金的个人贷款。出国留学贷款的基本原则是"部分自筹、有效担保、专款专用和按期偿还"的原则。

（4）【答案】 ABCE

【解析】D项，借款人在贷款到期日的实际年龄不得超过55周岁。

全国银行业专业人员职业资格考试热题库

《个人贷款(中级)》模拟试卷(三)

一、**单项选择题**(共80题,每小题0.5分,共40分。以下各小题所给出的四个选项中,只有一项符合题目要求,请选择相应选项,不选、错选均不得分)

1. 关于个人住房贷款,下列说法错误的是( )。
   A. 个人住房贷款包括自营性个人住房贷款、公积金个人住房贷款和个人住房组合贷款
   B. 个人住房贷款是指银行向自然人发放的用于购买、建造和大修理各类型住房的贷款
   C. 公积金个人住房贷款不以营利为目的,实行"低进低出"的利率政策,带有较强的政策性,贷款额度不受限制
   D. 个人住房组合贷款是指按时足额缴存住房公积金的职工在购买、建造或大修住房时,可以同时申请公积金个人住房贷款和自营性个人住房贷款

2. 关于个人经营类贷款,下列说法错误的是( )。
   A. 农户贷款借款人是指长期居住在乡镇和城关镇的住宅区户、国有农场的职工和农村个体工商户
   B. 下岗失业小额担保贷款的发放需要以银行在政府指定的贷款担保机构提供担保为前提
   C. 个人商用房贷款是指贷款人向借款人发放的用于购买商业用房的贷款
   D. 个人经营贷款是指用于借款人合法经营活动的人民币贷款

3. 假设某人申请60万元个人住房贷款,还款期限20年,月利率5‰,如选择等额本金还款法,则第2年的第1个月还款额为( )元。
   A. 5225   B. 5350   C. 5500   D. 6150

4. 信用卡持卡人的下列行为中,无需支付手续费的是( )。
   A. 溢缴款取现   B. 透支取现   C. 账单分期   D. 邮购分期

5. 对于互联网贷款的业务流程,下列说法错误的是( )。
   A. 对于审批未通过的情形一般均进行复审
   B. 贷后管理主要通过银行客服电话定期进行跟踪管理
   C. 互联网个人贷款申请主要渠道为银行电子渠道和第三方机构线上平台
   D. 互联网个人贷款的风险评估不仅包含传统个人贷款风险评估的各要素,更多融入互联网大数据等的辅助

6. 国家助学贷款属于( )。
   A. 专项贷款   B. 个人保证贷款

C. 个人消费贷款 D. 个人消费额度贷款

7. 个人商用房贷款属于（　　）。
   A. 个人住房贷款 B. 个人消费贷款
   C. 个人经营类贷款 D. 个人耐用消费品贷款

8. 对于信用卡个人贷款和一般贷款业务，下列说法错误的是（　　）。
   A. 一般贷款业务一般为一次审批，可在期限内长期循环使用
   B. 信用卡个人贷款业务通常仅需支付手续费，一定期限内免息
   C. 信用卡个人贷款业务通常为一次性还款，可以使用最低额还款与分期还款
   D. 一般贷款业务对贷款用途有明确规定，借款人可按照规定将贷款用于消费、生产经营等

9. 银行向一位客户发放一笔一年期，年利率为10%的10万元贷款，该笔贷款采用按月付息、到期还本的还款方式，到第2个月客户支付金额为（　　）元。
   A. 763.89　　　B. 833.33　　　C. 8333.33　　　D. 9166.67

10. 许汉文是做体育器械生意的，自己的公司近两年的营业状况良好，并且刚和某健身房签订进货合同，但如果从厂家直接进货额要首付定金500万元，因为最近资金周转紧张一时间拿不出这么多钱。许汉文家庭经济情况良好，拥有市值800万元左右，评估价为650万元的高档住宅，许汉文本人为公司股东，且公司运营情况良好。许汉文资金使用时间为3~6个月，且以后可能会有不定期资金需求。若许汉文向银行申请1年期个人经营贷款，最适合许汉文申请的贷款种类为（　　）。
    A. 个人不可循环授信额度 B. 个人可循环授信额度
    C. 个人信用贷款 D. 个人单笔贷款

11. 到期一次还本付息法一般适用于期限为（　　）的个人贷款。
    A. 1年以上（不含1年） B. 1年以内（不含1年）
    C. 1年以上（含1年） D. 1年以内（含1年）

12. 某国发生自然灾害导致专注该国市场的国内旅游机构倒闭，给客户旅游贷款带来的风险属于（　　）。
    A. 操作风险　　　B. 行业风险　　　C. 技术风险　　　D. 政策风险

13. 我国的信用卡业务最早出现在（　　），是由（　　）发行的。
    A. 80年代初，中国银行 B. 70年代末，工商银行
    C. 80年代初，建设银行 D. 70年代末，中国银行

14. 增加交叉式服务、提供更多个性服务和关联服务属于（　　）品牌营销途径。
    A. 为品牌制造影响力和崇高感 B. 建立品牌工作室
    C. 整合品牌资源 D. 传播品牌

15. "市场开拓经理、市场维护经理、风险经理"是根据（　　）划分的。
    A. 级别　　　B. 市场　　　C. 岗位　　　D. 职责

16. 下列不属于适合采用追随式市场定位方式的银行所具有的特点的是（　　）。
    A. 能力不足以同主导型银行展开强有力的竞争
    B. 资产规模很小，提供信贷产品较少

C. 可能刚刚开始经营

D. 分支机构不多

17. 银行根据客户对信贷的使用用途细分市场时，所遵循的标准是（   ）。
    A. 利益因素   B. 行为因素   C. 心理因素   D. 人口因素

18. 随着我国金融改革的深入和对外开放的扩大，国内将面临的最重要的潜在竞争对手是（   ）。
    A. 股份制银行   B. 外资银行   C. 民间银行   D. 私人银行

19. A银行在市场上占有极大的市场份额，控制和影响其他商业银行的行为，同时可以凭借资金充足、反应速度快和网点广泛的优势保持领先地位。这家银行适合采用的市场定位是（   ）。
    A. 主导式定位   B. 追随式定位   C. 补缺式定位   D. 产品式定位

20. 提炼对目标人群最有吸引力的优势竞争点，并通过一定的手段传达给消费者，然后转化为消费者的心理认识，是（   ）的一个关键环节。
    A. 策略营销   B. 定向营销   C. 电话营销   D. 品牌营销

21. 下列不属于个人贷款合作单位的是（   ）。
    A. 房地产交易中心   B. 汽车经销商
    C. 担保机构   D. 开发商

22. 下列各项中，影响银行市场微观环境的因素不包括（   ）。
    A. 银行同业竞争对手的实力与策略   B. 客户的信贷动机
    C. 信贷资金的供求   D. 汇率的变动

23. 电子银行营销的途径不包括（   ）。
    A. 利用搜索引擎扩大银行网站的知名度
    B. 建立形象统一、功能齐全的商业银行网站
    C. 利用电话推广实施主动营销和客户关系管理
    D. 利用信息发布和信息收集手段增强银行竞争优势

24. 关于合格的个人贷款申请人，下列说法正确的是（   ）。
    A. 必须是具有完全民事行为能力的自然人
    B. 可以是自然人，也可以是法人
    C. 必须是年满18周岁的公民
    D. 必须是中国国籍的公民

25. 下列权利凭证中，（   ）不能作为个人住房贷款质押的质物。
    A. 国家重点建设债券
    B. 个人活期储蓄存折
    C. 个人定期储蓄存款存单
    D. 1999年以后财政部发行的凭证式国债

26. 对于正常类贷款，贷款经办行可定期进行贷后检查抽查，抽查比例一般为每季度（   ）。
    A. 5%   B. 10%   C. 20%   D. 40%

27. B 银行为某个人优质客户的贷款进行定价时，选取优惠利率为 4%。违约风险贴水为 50 基点，期限风险贴水为 30 基点，则根据基准利率加点定价模型，该客户的贷款利率为（　　）。

   A. 3.2%　　　　　B. 3.8%　　　　　C. 4.2%　　　　　D. 4.8%

28. 2015 年 6 月，白棋轩到银行申请贷款 200 万元，贷款期限 2 年，贷款年化利率为 7%。担保物为深圳证券交易所市场发行的记账式国债（记账式国债期限为 5 年期，到期日为 2020 年 1 月 30 日，发行价为 195 元/张，面值 200 元/张，市值 190 元/张）3200 手（1 手 = 10 张）。请问押品评估价值为（　　）元。

   A. 6080000　　　B. 6240000　　　C. 6400000　　　D. 6840000

29. 下列关于资产组合风险监控的关键风险指标的表述，错误的是（　　）。
   A. 不良贷款拨备覆盖率是准备金占不良贷款余额的比例
   B. 不良资产率，一般是指不良资产（可疑类贷款 + 损失类贷款）与资产总额之比
   C. 为了对信用风险管理策略的执行情况进行监控，需要统计分析风险管理运营效率
   D. 正常及关注类贷款迁徙率 =（期初正常贷款中转为不良贷款的余额 + 关注类贷款转为不良贷款的余额）/（期初正常类贷款余额 + 关注类贷款余额）

30. 关于个人贷款还款方式变更，下列说法正确的是（　　）。
   A. 借款人可通过电话或书面方式提出还款方式变更申请
   B. 各种还款方式之间可以随意相互变更
   C. 借款人贷款账户中应没有拖欠本息及其他费用
   D. 借款人可在变更还款方式后归还当期贷款本息

31. 下列哪一项不是评分卡所包含的内容？（　　）
   A. 人工审批贷款的风险点提示　　　B. 个人业务管理水平
   C. 自动化的审批决策　　　　　　　D. 风险排序

32. 关于押品的选择次序，以下说法中不正确的是（　　）。
   A. 抵押物应优先选择现房、以出让方式取得的国有土地使用权及其他价值相对稳定、变现能力较强、可设定第一顺位的押品
   B. 质押物应优先选择现金、存单、凭证式国债、银行承兑汇票等价值相对稳定、变现能力较强的金融质押品
   C. 对一年期以上应收账款、收费权等不易评估、不易监测、价值波动较大的质物应谨慎接受
   D. 优先选择缓释能力强、押品价值稳定、不易变现的押品

33. 关于个人住房贷款的贷款期限和还款方式，下列说法错误的是（　　）。
   A. 个人一手房贷款和二手房贷款的期限由银行根据实际情况合理确定，最长期限都为 30 年
   B. 借款人可以根据需要选择还款方法，一笔借款合同可以选择多种还款方法
   C. 贷款期限在 1 年以内（含 1 年）的，借款人可采取一次还本付息法
   D. 贷款期限在 1 年以上的，可采用等额本息还款法和等额本金还款法

34. 关于公积金个人住房贷款和自营性个人住房贷款，下列说法错误的是（   ）。
    A. 对于公积金个人住房贷款，商业银行也承担一定信用风险
    B. 公积金个人住房贷款的利率比自营性个人住房贷款利率低
    C. 公积金个人住房贷款的申请由各地方公积金管理中心负责审批
    D. 公积金个人住房贷款的资金来自于公积金管理部门归集的住房公积金

35. 关于公积金个人住房贷款的办理流程，下列说法错误的是（   ）。
    A. 由承办银行办理与公积金贷款担保相关事宜，包括抵押贷款登记手续和住房置业担保公司担保手续等
    B. 借款人的申请通过公积金管理中心审批后，向受委托主办银行出具委托贷款通知书
    C. 承办银行应对借款人信用状况及偿还能力进行审查，并核实贷款担保情况
    D. 只有缴存住房公积金的职工才有资格申请公积金个人住房贷款

36. 下列属于个人住房贷款中常见的政策性风险的是（   ）。
    A. 对境外人士购房的限制   B. 对楼盘建设规划的限制
    C. 对抵押品执行的政策性限制   D. 对售房人资格的政策性限制

37. 下列用途中，不可以申请使用公积金贷款的是（   ）。
    A. 大修自住房   B. 购买自住房   C. 翻建自住房   D. 购买商铺

38. 二手房交易中，个人所得税一般按个人转让住房收入减去房屋原值和转让住房过程中缴纳的税金及有关合理费用后差额的（   ）计征。
    A. 20%   B. 10%   C. 2%   D. 1%

39. 关于个人住房贷款流程，下列说法错误的是（   ）。
    A. 个人住房贷款应重点确认借款人首付款是否已全额支付到位
    B. 贷款人采用自主支付的方式对贷款资金的支付进行管理与控制
    C. 贷款审查人对贷前调查人提交的材料和调查内容的真实性有疑问的，可以进行重新调查
    D. 借款人所购房屋为新建房的，贷款人要确认项目工程进度符合人民银行规定的有关放款条件

40. 关于公积金个人住房贷款，下列说法错误的是（   ）。
    A. 公积金个人住房贷款的实践中，住房置业担保公司所提供的连带责任担保是常见的保证方式
    B. 公积金个人住房贷款实行"存贷结合、先存后贷、整借零还和贷款担保"的原则
    C. 目前，个人住房公积金贷款最低首付款比例为30%
    D. 公积金个人住房贷款有利率低和期限长的特点

41. 关于公积金个人住房贷款的货币管理，下列说法错误的是（   ）。
    A. 按委托协议的约定，公积金管理中心应定期（每月、每季、每年）按比例将委托贷款手续费划归给承办银行
    B. 在贷款催收中，逾期90天以内的，选择短信、电话和信函等方式进行催收

C. 逾期120天以上，将对拒不还款的借款人提起诉讼，对抵押物进行处置

D. 按照委托协议，承办银行应定期对公积金贷款的办理情况进行检查

42. 个人住房贷款最常用的还款方式是（　　）。
    A. 等比累进还款法和等额累进还款法
    B. 一次还本付息法和等额本金还款法
    C. 等额本息还款法和等额本金还款法
    D. 等额本息还款法和等额累进还款法

43. 下列对于个人住房贷款的合同有效性风险，表述正确的是（　　）。
    A. 依据《合同法》规定，格式条款与非格式条款不一致的，应当采用格式条款
    B. 依据《合同法》规定，对格式条款有两种以上解释的，应当做出有利于提供格式条款一方的解释
    C. 依据《合同法》规定，商业银行作为格式条款的提供方，应当采取合理的方式提请借款人注意免除或限制其责任的条款
    D. 依据《合同法》规定，提请借款人注意必须在借款合同签订前作出，但若贷款银行没有履行这一法定义务，这些条款对当事人具有约束力

44. 在一手房贷款中，在房屋办妥抵押登记前一般由（　　）承担阶段性保证的责任。
    A. 开发商　　　B. 借款人　　　C. 担保机构　　　D. 中介机构

45. 加强个人汽车贷款合作机构管理的风险防控措施不包括（　　）。
    A. 加强一线人员建设，严把贷款准入关
    B. 加强贷前调查，切实核查经销商的资信状况
    C. 按照银行的相关要求，严格控制合作担保机构的准入
    D. 由经销商、专业担保机构担保的贷款，应实时监控担保方保持足额的保证金

46. 国家助学贷款实行的原则不包括（　　）。
    A. 财政贴息　　　B. 部分自筹　　　C. 风险补偿　　　D. 信用发放

47. 银行在办理个人汽车贷款业务时，可采取的信用风险防控措施不包括（　　）。
    A. 指定专人面谈客户了解信息
    B. 调查客户除汽车以外的其他合法资产
    C. 到借款人经营场所了解其真实收入水平
    D. 将贷前调查工作全权委托给保险公司和汽车经销商进行

48. 下列行为中，银行应警惕经销商欺诈风险的是（　　）。
    A. 汽车经营商为购车人作担保向银行贷款
    B. 甲向银行申请车贷，而实际的借款人是乙
    C. 借款人约定3年还款，贷款1年后申请提前还款
    D. 汽车经销商先后以真实的两套购车资料向同一银行申请车贷

49. 个人汽车贷款发放前，应落实的条件不包括（　　）。
    A. 经销商已开出汽车销售发票
    B. 需办理保险、公证等手续的，有关手续已经办理完毕
    C. 对采取抵（质）押的贷款，要落实贷款抵（质）押手续

D. 对采取委托扣划还款方式的借款人，要确认其已在银行开立还本付息账户用于归还贷款

50. 个人汽车贷款每笔最多展期（　　）次。
   A. 5　　　　　B. 3　　　　　C. 2　　　　　D. 1

51. 下列关于个人汽车贷款原则的说法，错误的是（　　）。
   A. "特定用途"指个人汽车贷款只可归借款人本人使用，不可转借他人，借款人本人可根据其需要决定使用方向
   B. "分类管理"指按照贷款所购车辆种类和用途的不同，对个人汽车贷款设定不同的贷款条件
   C. "设定担保"指借款人申请个人汽车贷款需提供所购汽车抵押或其他有效担保
   D. 个人汽车贷款实行"设定担保，分类管理，特定用途"的原则

52. 对于房地产管理相对规范的地区，如可实施房地产抵押情况的查询、抵押手续办理规范的地区，可将抵押办理手续委托经（　　）准入的中介机构代为办理。
   A. 经办行　　　B. 银监会　　　C. 一级分行　　　D. 中国人民银行

53. 个人经营贷款的贷款受理人应要求个人经营贷款申请人填写借款申请书，以（　　）形式提出个人贷款申请，并按银行要求提交相关申请材料。
   A. 短信　　　　B. 邮件　　　　C. 口头　　　　D. 书面

54. 在商用房贷款业务中，为了防控合作机构的风险，银行可采取的措施不包括（　　）。
   A. 选择尽可能多的合作机构
   B. 业务合作中不过分依赖合作机构
   C. 加强对开发商及合作项目的审查
   D. 加强对估值机构等合作机构的准入管理

55. 个人经营贷款期限最长一般不超过_____年，采用保证担保方式的一般不得超过_____年。（　　）
   A. 3；1　　　　B. 4；2　　　　C. 4；3　　　　D. 5；1

56. 下列关于个人商用房贷款贷前调查的表述，错误的是（　　）。
   A. 贷款经办行调查完毕后，应及时将贷款资料移交授信审批部门
   B. 应调查借款人是否已支付首期房款，首付款比例是否符合要求
   C. 个人商用房贷款调查由贷款经办行负责，贷款实行双人调查和见客谈话制度
   D. 在计算借款人收入时，不可将所购商用房未来可能产生的租金收入作为借款人收入

57. 关于个人征信系统的网络流程管理，下列说法错误的是（　　）。
   A. 数据传输加压加密，对系统及数据进行安全备份与恢复
   B. 通过专线与商业银行分支机构信贷人员的业务柜台直接相连
   C. 建立了有效安全保障体系，有效防止计算机病毒和黑客攻击等
   D. 对用户实行分级管理、权限控制、身份认证、活动跟踪、查询监督的政策

58. 我国个人信用数据库的个人信息更新频率为（　　）。

A. 每日更新　　　B. 实时更新　　　C. 每月更新　　　D. 不定期更新

59. 下列关于个人信用信息基础数据库查询规定的表述，错误的是（　　）。
    A. 个人查询可以到当地中国人民银行分支行征信管理部门，或直接向征信中心提出书面查询申请
    B. 个人可通过书面申请授权给其他机构或个人对自己的信息进行查询
    C. 个人获得自己的信用报告之后，可以根据其意愿提供给其他机构
    D. 我国个人征信系统由政府出资建设管理，原则上不收费

60. 关于个人信用报告的档案管理，下列说法错误的是（　　）。
    A. 档案资料按照一事一档、编号管理的原则进行
    B. 查询机构要对所有查询相关的纸质和电子档案资料整理归档
    C. 信用报告查询相关档案资料保管期限为二年，到期可对档案资料进行销毁
    D. 档案资料的借阅应当严格限定范围，无查询机构主管的审批，任何人不得擅自查询、借阅和复制档案资料

61. 商业银行查询个人信用报告时应当取得被查询人的（　　）。
    A. 单位同意　　　B. 口头授权　　　C. 本人同意　　　D. 书面授权

62. 个人向银行申请商业性房地产信贷，房屋套数的认定是以（　　）为单位。
    A. 借款人、配偶及未成年子女
    B. 借款人、配偶及子女
    C. 借款人及其配偶
    D. 借款人本人

63. 客户楚然购买首套个人住房，建筑面积为85平方米，单价为每平方米4500元，拟使用所购房屋作抵押，向商业银行申请商业性个人住房贷款，请问按现行政策规定，一般情况下他最多能获得的贷款额度是（　　）元。
    A. 306000　　　B. 286875　　　C. 267750　　　D. 32512

64. 叶城是甲公司职员，本月工资收入8000元，本月向同事借款2000元（期限三个月），本月住房贷款还款2500元，本月支付物业管理费500元，其本月所有债务支出与收入比为（　　）。
    A. 62.5%　　　B. 37.5%　　　C. 31.3%　　　D. 30%

65. 对于1年以内（含）个人贷款的展期（　　）。
    A. 展期期限累计与原贷款期限相加，不得超过该贷款品种规定的最长贷款期限
    B. 展期期限累计与原贷款期限相加，不得超过三倍的原贷款期限
    C. 展期期限累计不得超过该贷款品种规定的最长展期期限
    D. 展期期限累计不得超过原贷款期限

66. 商业银行不得接受对空置（　　）年以上的商品房作为贷款的抵押物。
    A. 1　　　B. 2　　　C. 3　　　D. 5

67. 期限在1年以内（含1年）的贷款，一般使用的还款方式是（　　）。
    A. 等额本金还款法　　　B. 等比累进还款法
    C. 等额本息还款法　　　D. 到期一次还本付息法

68. 关于互联网个人贷款业务，下列说法错误的是（　　）。
   A. 个体网络借款是指个体和个体之间通过互联网平台实现的直接借贷
   B. 互联网个人贷款业务中，商业银行通过互联网平台完成个人贷款审批、发放、监管等各环节
   C. 网络小额贷款是指互联网企业通过其控制的小额贷款公司，利用互联网向客户提供的小额贷款
   D. 商业银行互联网个人贷款具有"在线申请"、"实时审批"、"自助签约"、"随债随还"以及"额度高"、"期限长"等特点

69. 信用卡取现主要包括透支取现和溢缴款取现两种方式，（　　）。
   A. 均需支付利息
   B. 均需支付手续费
   C. 透支取现不需要支付利息，而溢缴款取现则需要支付利息
   D. 透支取现需要支付手续费，而溢缴款取现则不需要支付手续费

70. 关于个人贷款的客户定位，以下说法错误的是（　　）。
   A. 客户定位是商业银行对服务对象的选择
   B. 人口结构的变化，亦对客户定位产生影响
   C. 有些敢于冒风险的银行将贷款客户定位为低收入人群
   D. 银行一般要求贷款人的年龄在18（含）~60周岁（含）

71. 关于个人贷款市场细分的策略，银行把某种产品的总市场按照一定的标准细分为若干个子市场后，从中选择一个子市场作为目标市场，并把人力、精力等投入到这一目标市场的策略是（　　）。
   A. 差异性策略　　B. 分散化策略　　C. 专业化策略　　D. 集中策略

72. 银行个人贷款产品的市场定位过程包括（　　）四个步骤。
   （1）制作定位图；（2）执行定位；（3）识别重要属性；（4）定位选择
   A. （1）、（2）、（3）、（4）　　B. （3）、（1）、（2）、（4）
   C. （3）、（1）、（4）、（2）　　D. （4）、（3）、（1）、（2）

73. 下列关于银行市场细分作用的表述，错误的是（　　）。
   A. 有利于集中人力、物力投入到目标市场
   B. 有利于选定目标市场和制定营销策略
   C. 有利于实现大众化营销
   D. 有利于发掘市场机会

74. 银行市场定位就是确定（　　）。
   A. 银行产品在顾客心目中的地位　　B. 银行产品的市场占有率
   C. 银行产品的质量　　D. 银行产品的价格

75. 个人商用房贷款的贷前调查人应通过（　　）了解借款申请人的基本情况、贷款用途、还款意愿和还款能力等内容，尽可能多地了解会对借款人还款能力产生影响的信息。
   A. 电话　　B. 他人　　C. 走访　　D. 面谈

76. 关于借款合同的填写和审核，下列说法错误的是（ ）。
   A. 合同填写完毕后，填写人员应及时复核或将有关合同文本交合同复核人员进行复核
   B. 合同填写必须做到标准、规范、要素齐全、数字正确、字迹清晰、无错漏、不潦草，防止涂改
   C. 合同文本要使用统一格式的个人贷款的有关合同文本，对单笔贷款有特殊要求的，可以在合同中的其他约定事项中约定
   D. 需要填写空白栏，且空白栏后有备选项的，在横线上填好选定的内容后，对未选的内容应加横线表示删除；合同条款有空白栏，但根据实际情况不准备填写内容的，应加盖"此栏空白"字样的印章

77. 关于资产组合风险监控的关键风险指标，下列说法错误的是（ ）。
   A. 贷款迁徙率指标主要指正常及关注类贷款迁徙率
   B. 不良贷款拨备覆盖率是准备金占不良贷款余额的比例
   C. 不良资产率一般是指可疑类和损失类贷款之和与信贷资产总额之比
   D. 风险管理运营效率指标主要包括审批处理量变动、审批通过率变动、催收成功率变动等

78. 在个人贷款业务中，下列主体可能具有担保资格的是（ ）。
   A. 不具有代偿能力的法人
   B. 三年内连续亏损的法人
   C. 与借款人有关系的自然人
   D. 有重大违法行为损害银行利益的法人

79. （ ）不属于贷款调查可以采取的途径和方法。
   A. 信息咨询   B. 现场核实   C. 电话查问   D. 申报资料研究

80. 依据账户使用记录、额度信息等进行行为评分时，以下哪一类客户的行为评分将会较低？（ ）
   A. 信用卡保持较高额度使用率但不拖欠的客户
   B. 普通个贷客户的余额占初始贷款金额较大
   C. 使用频繁但不发生拖欠的信用卡
   D. 账龄较长的账户

二、多项选择题（共30题，每小题1分，共30分。以下各小题所给出的五个选项中，只有两项或两项以上符合题目要求，请选择相应选项，不选、错选均不得分）

1. 关于商业银行互联网个人贷款的特点，下列正确的有（ ）。
   A. 期限长   B. 额度高
   C. 随借随还   D. 审批时限长
   E. 流程线上化

2. 按照产品用途的不同，个人贷款产品包括（ ）。

A. 个人质押贷款 B. 个人保证贷款
C. 个人信用贷款 D. 个人经营类贷款
E. 个人消费类贷款

3. 下列属于个人耐用消费品贷款购买范畴的有（   ）。
    A. 健身器材 B. 乐器
    C. 电脑 D. 房屋
    E. 汽车

4. 信用卡申请表的内容包括（   ）。
    A. 申领人的经济状况或收入来源 B. 承兑人及其基本情况
    C. 担保人及其基本情况 D. 申领人的基本情况
    E. 申领人的名称

5. 市场选择中，决定整个市场或其中任何一个细分市场长期的内在吸引力的力量包括（   ）。
    A. 替代产品 B. 互补产品
    C. 客户选择能力 D. 同行业竞争者
    E. 潜在的新竞争者

6. 在对内部资源进行分析时，主要涉及的内容有（   ）。
    A. 市场营销部门的能力 B. 银行领导人的能力
    C. 银行的财务实力 D. 资讯资源
    E. 人力资源

7. 在抵质押权设立与变更环节，需要（   ）。
    A. 判断合同是否需要办理公证
    B. 关注订立的抵质押合同要素是否齐全，填写是否规范
    C. 判断拟接受押品是否符合银行押品受理的基本底线要求
    D. 抵质押合同签订后，跟踪检查押品登记手续办理是否及时
    E. 确定对容易受到自然灾害或意外事故影响造成损失的押品是否已按银行指定的险种办理了足额保险

8. 申请评分可以应用的领域包含（   ）几个方面。
    A. 零售客户风险限额设置 B. 信用卡额度调整
    C. 贷后风险监控 D. 信贷政策制定
    E. 贷款审批

9. 贷款人应区分个人贷款的（   ）等，确定贷款检查的相应方式、内容和频度。
    A. 期限 B. 用途
    C. 品种 D. 对象
    E. 金额

10. 借款合同应符合《合同法》的规定，明确约定各方当事人的诚信承诺和贷款资金的用途、（   ）等。
    A. 支付条件 B. 支付金额

C. 支付方式　　　　　　　　　　D. 支付时间
　　E. 支付对象（范围）

11. 按照五级分类方式，不良个人住房贷款包括（　　）。
　　A. 损失贷款　　　　　　　　　　B. 次级贷款
　　C. 可疑贷款　　　　　　　　　　D. 关注贷款
　　E. 正常贷款

12. 在签订商业助学贷款借款合同时，借款人、担保人必须严格履行合同条款，构成借款人、担保人违约行为的情况有（　　）。
　　A. 借款人未能及时足额偿还贷款本息
　　B. 借款人未能履行有关合同所规定的义务
　　C. 抵押人取得银行书面同意赠与抵押物的情况
　　D. 借款人拒绝或阻挠贷款银行监督检查贷款使用情况
　　E. 借款人和担保人提供虚假文件材料，可能造成贷款损失

13. 在个人住房贷款业务的贷后检查中，对开发商和项目检查的要点包括（　　）。
　　A. 履行担保责任情况
　　B. 项目工程形象进度
　　C. 项目资金到位及使用情况
　　D. 土地使用及建设工程规划的许可
　　E. 开发商的经营状况及财务状况

14. 在房地产估价中，遵循合法原则应做到（　　）。
　　A. 评估价必须符合国家的价格政策
　　B. 在合法使用方面，应以使用管制为依据
　　C. 要坚持中立的立场，评估出对各方当事人都公平合理的价格
　　D. 在合法处分方面，应以法律法规或合同等允许的处分方式为依据
　　E. 在合法产权方面，应以房地产权属证书、权属档案的记载或其他合法证件为依据

15. 下列选项中，既属于一宗土地，又属于建筑的有（　　）。
　　A. 地势　　　　　　　　　　　　B. 结构
　　C. 坐落　　　　　　　　　　　　D. 面积
　　E. 产权状况

16. 下列属于个人住房贷款贷后管理风险的有（　　）。
　　A. 房屋他项权证办理不及时
　　B. 按照规定保管借款合同，担保合同等重要贷款档案资料
　　C. 逾期贷款催收不及时，不良贷款处置不力，造成贷款损失
　　D. 未建立贷后监控检查制度，未对重点贷款使用情况进行跟踪检查
　　E. 只关注借款人按月还款情况，在正常还款的情况下，未对其经营情况及抵押物价值、用途等变动情况跟踪检测

17. 在银行个人住房贷款的受理与调查阶段，下列说法正确的有（　　）。

A. 首付款尚未支付或者首付款未达到规定比例的，要提供用于购买住房的自筹资金的有关证明

B. 涉及抵押担保的，在一般操作模式下，须提供财产共有人同意抵押的书面证明

C. 房地产开发商资信等级是企业信用程度的形象标识，它表明了企业守约或履约的主观愿望与客观能力

D. 涉及保证担保的，需保证人出具同意提供担保的书面承诺，并提供能证明保证人保证能力的证明材料

E. 个人住房贷款的借款人及配偶月所有债务支出与月收入之比应在50%（含）以下

18. 借款人申请住房公积金贷款须具备的条件包括（　　）。

A. 符合住房公积金管理中心及所属分中心同意的担保方式的要求

B. 有当地住房公积金管理部门规定的最低额度以上的自筹资金

C. 按时足额缴存公积金并具有个人住房公积金存款账户

D. 有稳定的职业和收入，有偿还贷款本息的能力

E. 拥有县城常住户口或有效居留身份

19. 学校机构在为学生提供国家助学贷款业务中承担的工作职责有（　　）。

A. 对借款人进行公示

B. 组织学生申请借款

C. 接受学生的借款申请

D. 对贷款进行初审，并将初审结果告知学生

E. 受助学贷款经办银行委托对贷款进行最后审批

20. 在个人商用房贷款中，信贷管理部门负责的工作包括（　　）。

A. 对贷款经办行贷后管理工作的组织和督导

B. 客户关系维护

C. 违约贷款催收

D. 贷后检查

E. 贷后监测

21. 个人经营贷款信用风险的主要内容包括（　　）。

A. 抵押物价值发生变化

B. 保证人还款能力发生变化

C. 借款人还款能力发生变化

D. 借款人还款意愿发生变化

E. 借款人所控制企业经营情况发生变化

22. 借款人申请个人经营贷款须符合的条件包括（　　）。

A. 借款人具有合法的经营资格

B. 具有完全民事行为能力的自然人

C. 借款人在银行开立单位结算账户

D. 具有良好的信用记录和还款意愿

E. 具有稳定的收入来源和按时足额偿还贷款本息的能力

23. 银行发现个人商用房贷款的抵押物价值表现出较大波动，并可能危及银行贷款安全时，可采取的措施有（　　）。

    A. 将借款人纳入银行不包信用客户名单库

    B. 追加银行认可的其他抵押物

    C. 提前收回全部贷款本息

    D. 追加银行认可的质押物

    E. 提前收回部分贷款本息

24. 商业银行经核查后，发现异议信息确实有误的，应（　　）。

    A. 向个人报送更正信息

    B. 检查个人信用信息报送程序

    C. 向征信服务中心报送更正信息

    D. 向征信服务中心报送程序优化建议

    E. 对后续报送的其他个人信用信息进行检查

25. 根据《个人信用信息基础数据库管理暂行办法》的规定，商业银行在（　　）时，才可查看个人的信用报告。

    A. 贷后管理　　　　　　　　B. 办理担保业务

    C. 办理贷款业务　　　　　　D. 办理存款业务

    E. 办理信用卡业务

26. 关于个人信用报告中的信息，下列说法正确的是（　　）。

    A. 个人基本信息不包括客户的婚姻信息

    B. 本人声明是客户本人对信用报告中某些无法核实的异议所做的说明

    C. 公安部身份信息核查结果实时来自于公安部公民信息共享平台的信息

    D. 银行信贷交易信息是客户在各商业银行或者其他授信机构办理的贷款或信用卡账户的明细和汇总信息

    E. 非银行信用信息是个人征信系统从其他部门采集的、可以反映客户收入、缴欠费或其他资产状况的信息

27. 在个人征信异议处理工作中可能会遇到的申请类型有（　　）。

    A. 个人对担保信息有异议

    B. 个人认为信用卡的逾期记录与实际不符

    C. 个人认为在金融机构的贷款余额与实际不符

    D. 个人认为某一笔贷款或信用卡本人根本就没申请过

    E. 个人的身份、居住、职业等基本信息与实际情况不符

28. 下列关于个人商用房贷款期限的表述，正确的有（　　）。

    A. 借款人申请期限调整的应提交申请书

    B. 贷款展期后全部贷款期限不得超过银行规定的最长期限

    C. 贷款展期期限不得超过一年

    D. 贷款期限最短一年（含），最长不超过10年

E. 借款人可于贷款到期时向银行申请展期
29. 根据《个人贷款管理暂行办法》规定，个人贷款调查可采取（　　）等途径和方式。
    A. 信用评估　　　　　　　　　B. 网上调查
    C. 信息咨询　　　　　　　　　D. 现场核实
    E. 电话查问
30. 根据代理权产生的根据不同，代理的分类不包括（　　）。
    A. 合同代理　　　　　　　　　B. 授权代理
    C. 指定代理　　　　　　　　　D. 委托代理
    E. 法定代理

三、判断题（共10题，每小题1分，共10分。请判断以下各小题的对错，正确的用"A"表示，错误的用"B"表示。）

1. 对于强增信基础类客户，应更多考虑发放场景化个人贷款。（　　）
2. 个人申领信用卡时，必须向银行提供担保。（　　）
3. 品牌是银行的核心竞争力。（　　）
4. 违约风险贴水是指向长期借款人征收的风险补偿费用。（　　）
5. 零售行为评分主要指的是信用卡行为评分。（　　）
6. 在个人住房贷款中，以房地产为抵押物的，应当办理抵押登记，在解除抵押权时也应办理注销登记手续。（　　）
7. 与商业助学贷款相比，国家助学贷款的适用范围更广。（　　）
8. 采用履约保证保险申请商用房贷款的，在保险有限期内，借款人可以申请中断或撤销保险。（　　）
9. 目前，个人在查询自己的信用报告时，需要支付一定的成本费用。（　　）
10. 个人商用房贷款的贷款行一般不接受商业前景不明的期房及单独处置困难的产权式商铺抵押。（　　）

四、综合题（共20分）

1. 陈辰是做体育器械生意的，自己的公司近两年的营业状况良好，目前从厂家进货需要首付定金500万，因为最近资金周转紧张一时间拿不出这么多钱。陈辰家庭经济情况良好，拥有市值800万左右，评估价为650万的高档住宅。陈辰本人为公司股东，且公司运营情况良好。陈辰资金使用时间为3~6个月，且以后可能会有不定期资金需求，所以陈辰拟向银行申请1年期个人经营贷款。
   (1) 在不考虑生产经营等其它因素的情况下，将陈辰所拥有的房地产作为抵押，银行最高可贷出的资金约为（　　）万。（填空题，1分）
   (2) 最适合陈辰申请的贷款种类为（　　）。（单项选择题，1分）
       A. 个人不可循环授信额度　　　　B. 个人可循环授信额度
       C. 个人单笔贷款　　　　　　　　D. 个人信用贷款

(3) 对陈辰来说，最适合的还款方式为（　　）。（单项选择题，1分）

　　A. 等额本息还款法

　　B. 等比递增还款法

　　C. 等额本金还款法

　　D. 按月还息、到期一次性还本还款法

(4) 该笔贷款的贷后管理中，银行还应做到（　　）。（多项选择题，2分）

　　A. 做好个人贷款的档案管理

　　B. 关注抵押物价值情况的变化

　　C. 持续跟踪、调查陈辰公司的经营情况和借款资金使用情况

　　D. 动态地评价企业的经济实力，并判断其是否具备可靠的还款能力

　　E. 向借款人发送还本付息通知单以督促借款人筹备资金按时足额还本付息

2. 沈阳市民李小溪一家最近购买了一套总价40万元的新房，首付10万元，商业贷款30万元，期限20年。年利率6%。

(1) 李小溪可以选择等额本金还款法与等额本息还款法中的一种，两者相比（　　）。（单项选择题，2分）

　　A. 前者利息支出总额较小　　　　B. 后者利息支出总额较小

　　C. 前者前期还款压力较小　　　　D. 后者后期还款压力较小

(2) 如果采用等额本息方式还款，每月还款额为（　　）元。（取整数）（填空题，2分）

(3) 等额本息还款方式的利息总额为（　　）元。（取整数）（填空题，1分）

(4) 如果采用等额本金方式还款，第二个月还款额为（　　）元。（填空题，1分）

(5) 等额本金方式的利息总额为（　　）元。（填空题，1分）

(6) 若李小溪选用了等额本金还款法。8年后李小溪有一笔10万元的偶然收入，她计划用这笔钱来提前归还部分商业贷款，提前还贷后，希望还款期限不变，接下来的第一个月还款额为（　　）元。（填空题，2分）

3. 张莉打算采用个人汽车消费贷款的方式购买一辆车，计划向银行贷款额为20万元。

(1) 个人汽车贷款的贷款额度是根据借款人所购汽车价格确定的，其中新车的价格是指（　　）。（单项选择题，2分）

　　A. 汽车实际成交价格

　　B. 贷款银行认可的评估价格

　　C. 汽车实际成交价格与汽车生产商公布价格中的低者

　　D. 汽车实际成交价格与贷款银行认可的评估价格中的低者

(2) 若张莉已婚，则申请个人汽车贷款需提交的申请材料有（　　）。（多项选择题，2分）

　　A. 购车首付款证明

　　B. 收入证明和资产证明

　　C. 所购车辆合法运营的证明

　　D. 居民身份证、户口本或其他有效身份证件

E. 配偶的居民身份证、户口本或其他有效身份证件

(3) 张莉申请个人汽车消费贷款，可以提供的担保措施有（　　）。（多项选择题，2分）

A. 质押
B. 房地产抵押
C. 第三方保证
D. 购买履约保证保险
E. 以贷款所购车辆作抵押

模拟试卷（三）参考答案及解析

一、单项选择题

1. 【答案】　C

【解析】公积金个人住房贷款不以营利为目的，实行"低进低出"的利率政策，带有较强的政策性，贷款额度受到限制。

2. 【答案】　A

【解析】A项，农户贷款是指银行业金融机构向符合条件的农户发放的用于生产经营、生活消费等用途的本外币贷款。其中，农户是指长期居住在乡镇和城关镇所辖行政村的住户、国有农场的职工和农村个体工商户。

3. 【答案】　B

【解析】等额本金还款法是指在贷款期内每月等额偿还贷款本金。贷款利息随本金逐月递减。每月还款额计算公式为：每月还款额 = 贷款本金/还款期数 +（贷款本金 - 已归还贷款本金累计额）×月利率。则每月归还本金 = 600000 ÷（20×12）= 2500（元），第2年的第一个月还款额 = 600000 ÷（20×12）+（600000 - 2500×12）×5‰ = 5350（元）。

4. 【答案】　D

【解析】AB两项，信用卡取现主要包括透支取现和溢缴款取现两种方式，均需支付0~3%不等的手续费，具体视各银行规定；C项，账单分期不能免手续费，且期数越长手续费越高；D项，邮购分期一般对持卡人免息免手续费，而向商户收取邮购分期手续费。

5. 【答案】　A

【解析】A项，互联网个人贷款审批的主要特点之一是对于审批未通过的情形一般不进行复审。

6. 【答案】　C

【解析】国家助学贷款属于个人教育贷款。而个人教育贷款又是个人消费贷款的一种。

7. 【答案】　C

【解析】个人经营类贷款包括个人商用房贷款、个人经营贷款、农户贷款和下岗失业小额担保贷款。

8. 【答案】　A

【解析】A项，信用卡个人贷款业务一般为一次审批，可在期限内长期循环使用；一般个人贷款业务则为一事一批。

9. 【答案】　B

【解析】按月还息、到期一次性还本还款法，即在贷款期限内每月只还贷款利息，贷款到期时一次性归还贷款本金，此种方式一般适用于期限在 1 年以内（含 1 年）的贷款，即第 2 个月支付金额 = $100000 \times 10\% / 12 = 833.33$（元）。

10. 【答案】　B

【解析】在银行实际操作中，个人贷款产品可以分为个人单笔贷款和个人授信额度（又分为个人可循环授信额度和个人不可循环授信额度）。个人单笔贷款主要指用于每个单独批准在一定贷款条件下的个人贷款，其特点是被指定发放的贷款本金，一旦经过借贷和还款后，就不能再被重复借贷。个人不可循环授信额度是根据每次单笔贷款出账金额累计计算，即使单笔贷款提前还款，该笔贷款额度不能循环使用。个人可循环授信额度是由自然人提出申请，并提供符合银行规定的担保或信用条件，经银行审批同意，对借款人进行最高额度授信，借款人可在额度有效期内随借随还、循环使用的一种个人贷款。

11. 【答案】　D

【解析】到期一次还本付息法又称期末清偿法，指借款人需在贷款到期日还清贷款本息，利随本清。此种方式一般适用于期限在 1 年以内（含 1 年）的贷款。

12. 【答案】　B

【解析】行业风险是指贷款投向的行业发展趋势不明朗或整体环境趋于恶化导致的风险，本质上是由行业波动导致的一种信用风险。这类风险在指定用途的贷款中较为多见。例如，某国发生自然灾害可能导致专注该国市场的国内旅游机构倒闭；客户通过中介机构申请留学，中介机构因为缺乏资质导致留学申请失败，客户无法实现留学的理想导致贷款收回风险。

13. 【答案】　D

【解析】我国的信用卡业务最早开始于 1978 年中国银行广州分行代理香港东亚银行"东美 VISA 信用卡"取现业务，信用卡第一次进入中国市场。

14. 【答案】　A

【解析】银行要利用各种方式为品牌创造更多的附加值，以扩大品牌的影响力和崇高感。让银行产品增加附加值的方式很多，例如增加交叉式服务、提供更多个性服务和关联服务等都是银行提高品牌影响力和崇高感的良方。

15. 【答案】　B

【解析】按职责划分，银行业营销人员可分为营销管理经理、客户管理经理和客户服务人员；按岗位划分，银行业营销人员可分为产品经理、项目经理和关系经理；按级别划分，银行业营销人员可分为高级经理、中级经理和初级经理。

16. 【答案】　B

【解析】追随式定位主要适用于那些由于某种原因，如刚开始经营或刚进入市场，资产规模中等，分支机构不多，没有能力向主导型银行进行强有力的冲击和竞争的银行。对于那些资产规模很小，提供信贷产品较少的银行，适合采用补缺式定位策略。

17. 【答案】　B

【解析】行为因素是指客户的行为变数，如客户对金融产品和服务的态度以及使用情况等，也是银行根据客户对信贷的使用用途细分市场时所遵循的标准。

18. 【答案】　B

【解析】随着我国金融改革的深入和对外开放的扩大，能提供信贷业务的银行越来越多，尤其是外资银行将是最重要的潜在竞争对手。因此，银行在做个人信贷营销时应注意分析该竞争对手的实力和策略。

19. 【答案】　A

【解析】银行市场定位方式主要有主导式定位、追随式定位和补缺式定位三种。主导式定位适合于市场规模大、资金实力强、能控制和影响其他商业银行的行为的银行；追随式定位适合于刚开始经营或刚进入市场、资产规模中等、分支机构不多的银行；补缺式定位适合于资产规模小、提供的信贷产品少的银行。

20. 【答案】　D

【解析】做好品牌营销的要素之一是定位准确，即提炼对目标人群最有吸引力的优势竞争点，并通过一定的手段传达给消费者，然后转化为消费者的心理认识，是品牌营销的一个关键环节。

21. 【答案】　A

【解析】公积金个人住房贷款、个人汽车贷款等贷款种类中均涉及与担保机构的合作。对于一手个人住房贷款，商业银行最主要的合作单位是房地产开发商。在消费场所开展营销，典型做法是与经销商合作，与其签署合作协议，由其向银行提供客户信息或推荐客户。

22. 【答案】　D

【解析】影响银行市场微观环境的因素包括：①信贷资金的供求状况；②客户的信贷需求和信贷动机；③银行同业竞争对手的实力与策略。D项，汇率的变动属于宏观环境的影响因素。

23. 【答案】　C

【解析】电子银行营销有以下几种途径：①建立形象统一、功能齐全的商业银行网站；②利用搜索引擎扩大银行网站的知名度；③利用网络广告开展银行形象、产品和服务的宣传；④利用信息发布和信息收集手段增强银行的竞争优势；⑤利用交互链接和广告互换增加银行网站的访问量；⑥利用电子邮件推广实施主动营销和客户关系管理。

24. 【答案】　A

【解析】个人贷款申请应具备以下条件：①借款人为具有完全民事行为能力的中华人民共和国公民或符合国家有关规定的境外自然人；②贷款用途明确合法；③贷款申请数额、期限和币种合理；④借款人具备还款意愿和还款能力；⑤借款人信用状况良好，无重大不良信用记录；⑥贷款人要求的其他条件。A项，个人贷款的借款人仅限于自然人。

25. 【答案】　B

【解析】采用质押担保方式进行个人住房贷款，质物可以是国家财政部发行的凭证式国库券、国家重点建设债券、金融债券、符合贷款银行规定的企业债券、单位定期存单、个人定期储蓄存款存单等有价证券。

26. 【答案】　C

【解析】对于正常贷款，贷款经办行可定期进行抽查，抽查比例一般为每季度20%。借款人未按合同承诺提供真实、完整信息和未按合同约定用途使用、支付贷款等行为，银行应当按照法律法规规定和借款合同的约定，追究其违约责任。

27．【答案】 D

【解析】根据基准利率加点定价模型的计算公式，风险加点=违约风险贴水+期限风险贴水=（50+30）×0.01%=0.8%，贷款利率=优惠利率+风险加点=4%+0.8%=4.8%。

28．【答案】 A

【解析】当客户以上海或深圳证券交易所记账式国债质押时，采用"发行价、市价、面值孰低法"评估押品价值。该记账式国债发行价为3200×10×195=6240000（元）；市价为3200×10×190=6080000（元）；面值为3200×10×200=6400000（元）。因此，该记账式国债的评估价值为6080000元。

29．【答案】 B

【解析】B项，不良资产率，一般是指不良资产（次级类贷款+可疑类贷款+损失类贷款）与信贷资产总额之比。

30．【答案】 C

【解析】B项，由于各种还款方式是在一定条件下，需要遵循不同的计息规定的，因此，并不是所有的还款方式之间都可以随意互相变更。AD两项，借款人若要变更还款方式，需要满足如下条件：①向银行提交还款方式变更申请书；②借款人的贷款账户中没有拖欠本息及其他费用；③借款人在变更还款方式前应归还当期的贷款本息。

31．【答案】 B

【解析】评分卡给用户提供的不仅仅是一个分数，而是包含了以下内容：①不同客户的风险排序；②自动化的审批决策；③对每一笔未自动审批贷款的各种风险点提示。

32．【答案】 D

【解析】D项，优先选择缓释能力强、押品价值稳定、容易变现的押品。缓释能力相同的情况下，优先选择合格押品、同币种计价的金融质押品。

33．【答案】 B

【解析】借款人可以根据需要选择还款方法，但一笔借款合同只能选择一种还款方法，贷款合同签订后，未经贷款银行同意，不得更改还款方式。

34．【答案】 A

【解析】A项，公积金个人住房贷款是一种委托性住房贷款，它是国家住房公积金管理部门利用归集的住房公积金资金，由政府设立的住房置业担保机构提供担保，委托商业银行发放给公积金缴存人的住房贷款。从风险承担的角度上讲，商业银行本身不承担贷款风险。而自营性个人住房贷款是商业银行利用自有信贷资金发放的住房贷款，商业银行自己承担贷款风险。

35．【答案】 C

【解析】C项，住房公积金管理中心应对借款人信用状况及偿还能力进行审查，并核实贷款担保情况，包括抵押物或质物清单、权属证明以及有处分权人同意抵押或质押证明，有关部门出具的抵押物估价证明，保证人同意提供担保的书面文件和保证人资信证明等。

36．【答案】 A

【解析】政策风险是指政府的金融政策或相关法律、法规发生重大变化或是有重要的举措出台，引起市场波动，从而给商业银行带来的风险。比较常见的政策风险如下：①对境外人士购房的限制；②对购房人资格的政策性限制。

37.【答案】 D

【解析】公积金个人住房贷款也称委托性住房公积金贷款，是指由各地住房公积金管理中心运用个人及其所在单位所缴纳的住房公积金，委托商业银行向购买、建造、翻建、大修自住住房的住房公积金缴存人以及在职期间缴存住房公积金的离退休职工发放的专项住房消费贷款。公积金个人住房贷款是住房公积金使用的中心内容。

38.【答案】 A

【解析】个人所得税是指在二手房交易中，税务部门向卖方征收交易所产生的差价获得的收入。个人所得税按个人转让住房收入减去房屋原值和转让住房过程中缴纳的税金及有关合理费用后差额的20%计征；不能提供合法扣除凭证的，普通住房按销售额的1%计征，非普通住房按销售额的2%计征。

39.【答案】 B

【解析】B项，贷款人可以采用受托支付或借款人自主支付的方式对贷款资金的支付进行管理与控制。

40.【答案】 C

【解析】目前，个人住房公积金贷款最低首付款比例为20%，具体可按照《中国人民银行、住房和城乡建设部、中国银行业监督管理委员会关于个人住房贷款政策有关问题的通知》执行。

41.【答案】 C

【解析】逾期180天以上，承办银行将对拒不还款的借款人提起诉讼，对抵押物进行处置；处分抵押物所得价款用于偿还贷款利息、罚金及本金。

42.【答案】 C

【解析】个人住房贷款可采取多种还款方式进行还款。例如，一次还本付息法、等额本息还款法、等额本金还款法、等比累进还款法、等额累进还款法及组合还款法等多种方法。其中，以等额本息还款法和等额本金还款法最为常用。

43.【答案】 C

【解析】A项，《合同法》第四十一条规定，格式条款和非格式条款不一致的，应当采用非格式条款；B项，《合同法》第四十一条规定，对格式条款有两种以上解释的，应当做出不利于提供格式条款一方的解释；D项，提请借款人注意必须在借款合同签订前作出，若贷款银行没有履行这一法定义务，这些条款对当事人不产生约束力。

44.【答案】 A

【解析】在一手房贷款中，在房屋办妥抵押登记前，一般由开发商承担阶段性保证责任，在二手房贷款中，一般由中介机构或担保机构承担阶段性保证的责任。

45.【答案】 A

【解析】除BCD三项外，加强合作机构管理的风险防控措施还包括：与保险公司的履约保证保险合作，应严格按照有关规定拟定合作协议，约定履约保证保险的办理、出险理赔、免责条款等事项，避免事后因合作协议的无效或漏洞无法理赔，造成贷款损失情况的发生。

B 项为个人住房贷款"假个贷"的防控措施。

46．【答案】　B

【解析】国家助学贷款实行"财政贴息、风险补偿、信用发放、专款专用和按期偿还"的原则。

47．【答案】　D

【解析】D 项，会产生信用风险，经办机构应指定专人负责个人汽车贷款的贷前调查工作，贷前调查人应对客户信息资料的真实性负责；必须面谈客户了解信息；不得将贷前调查工作全权委托给保险公司和汽车经销商进行。

48．【答案】　B

【解析】B 项，属于常见汽车经销商欺诈行为中的"甲贷乙用"行为，对此银行应特别警惕；ACD 三项均属正常的个人汽车贷款业务。

49．【答案】　A

【解析】个人汽车贷款发放前，应落实的贷款发放条件除 BCD 三项外，还包括：对自然人作为保证人的，应明确并落实履行保证责任的具体操作程序；对保证人有保证金要求的，应要求保证人在银行存入一定期限的还本付息额的保证金。同时，需要满足个人汽车贷款的担保条件等。

50．【答案】　D

【解析】借款人应按合同约定的计划按时还款，如果确实无法按照计划偿还贷款，可以申请展期。每笔贷款只可以展期一次，展期期限不得超过 1 年，展期之后全部贷款期限不得超过贷款银行规定的最长期限，同时对展期的贷款应重新落实担保。

51．【答案】　A

【解析】"特定用途"指个人汽车贷款专项用于借款人购买汽车，不允许挪作他用。按此原则，借款人不能根据自身需要变更贷款用途。

52．【答案】　C

【解析】贷款抵押手续办理的相关程序应规范，原则上贷款银行经办人员应直接参与抵押手续的办理，不可完全交由外部中介机构办理。对于房地产管理相对规范的地区，如可实施房地产抵押情况的查询、抵押手续办理规范的地区，可将抵押办理手续委托经一级分行准入的中介机构代为办理，但经办行必须在之后对抵押办理情况进行核实。

53．【答案】　D

【解析】个人经营贷款的贷款受理人应要求个人经营贷款申请人填写借款申请书，以书面形式提出个人贷款申请，并按银行要求提交相关申请材料。对于有共同申请人的，应同时要求共同申请人提交有关申请材料。

54．【答案】　A

【解析】商用房贷款合作机构风险的防控措施主要包括：①加强对开发商及合作项目的审查；②加强对估值机构、地产经纪和律师事务所等合作机构的准入管理；③业务合作中不过分依赖合作机构。A 项，选择合作机构的多少与防控合作机构风险并无必然关系，合作机构过多还会加大银行防控风险的难度。

55．【答案】　D

【解析】个人经营贷款期限一般不超过5年,采用保证担保方式的不得超过1年。贷款人应根据借款人经营活动及借款人还款能力确定贷款期限。

56．【答案】 D

【解析】D项,在计算借款人收入时,可将所购商用房未来可能产生的租金收入作为借款人收入。所购商用房租金的估算,可参考该商用房内外部评估报告中确认的收益水平,或由调查人员参考同一区域同类型商用房近1年的平均租金进行计算。

57．【答案】 B

【解析】B项,个人征信系统通过专线与商业银行等金融机构总部相连,并通过商业银行的互联网系统将终端延伸到商业银行分支机构信贷人员的业务柜台,从而实现个人信用信息定期由各金融机构流入个人征信系统,汇总后金融机构实时共享的功能。

58．【答案】 C

【解析】在我国,考虑到商业银行结算周期多以月为单位,相应地,个人信用数据库是每月更新一次信息,因此,最新的信用信息一般要间隔一个月以后才会在个人信用报告中展示出来。

59．【答案】 D

【解析】D项,个人信用信息基础数据库是由中国人民银行组织各商业银行建立的个人信用信息共享平台。在信用报告查询收费的相关管理制度出台以前,查询部门提供信用报告查询服务时暂不收费。

60．【答案】 C

【解析】C项,信用报告查询相关档案资料保管期限为三年,到期可对档案资料进行销毁。

61．【答案】 D

【解析】商业银行查询个人信用报告时应当取得被查询人的书面授权。书面授权可以通过在贷款、贷记卡、准贷记卡以及担保申请书中增加相应条款取得。

62．【答案】 A

【解析】根据《关于加强商业性房地产信贷管理的补充通知》的规定,个人向银行申请商业性房地产信贷,以借款人家庭(包括借款人、配偶及未成年子女)为单位认定房贷次数。

63．【答案】 A

【解析】根据《关于加强商业性房地产信贷管理的通知》的规定,个人贷款中,对购买首套自住房且套型建筑面积在90平方米以下的,贷款首付款比例不得低于20%。因此,楚然最多能获得的贷款额度是$85 \times 4500 \times (1-20\%) = 306000$(元)。

64．【答案】 B

【解析】根据《商业银行房地产贷款风险管理指引》第三十六条,所有债务与收入比的计算公式为:(本次贷款的月还款额+月物业管理费+其他债务月均偿付额)/月均收入,故叶城本月所有债务支出与收入比=$(2500+500)/8000 \times 100\% = 37.5\%$。

65．【答案】 D

【解析】一年以内(含)的个人贷款,展期期限累计不得超过原贷款期限;一年以上的个人贷款，展期期限累计与原贷款期限相加，不得超过该贷款品种规定的最长贷款期限。

66.【答案】　C

【解析】《关于加强商业性房地产信贷管理的通知》中规定，对空置 3 年以上的商品房，商业银行不得接受其作为贷款的抵押物。

67.【答案】　D

【解析】到期一次还本付息法又称期末清偿法，指借款人需在贷款到期日还清贷款本息，利随本清，此种方式一般适用于期限在 1 年以内（含 1 年）的贷款。

68.【答案】　D

【解析】D 项，商业银行互联网个人贷款通常具有"流程线上化"、"审批时限短"、"随借随还"以及"额度低"、"期限短"等特点。

69.【答案】　B

【解析】信用卡持卡人可以使用信用卡向银行提取现金，信用卡取现主要包括透支取现和溢缴款（即转入或存入信用卡中的现金）取现两种方式，均需支付 0～3% 不等的手续费，具体视各银行规定。透支取现需要支付每日 5‰的利息，且无免息期；而溢缴款取现则不需要支付利息。

70.【答案】　D

【解析】D 项，银行一般要求个人贷款客户至少需要满足的基本条件之一为：具有完全民事行为能力的自然人，年龄在 18（含）～65 周岁（含）。

71.【答案】　D

【解析】集中策略是指银行把某种产品的总市场按照一定标准细分为若干个子市场后，从中选择一个子市场作为目标市场，针对这一目标市场，只设计一种营销组合，集中人力、物力和财力投入到这一目标市场。

72.【答案】　C

【解析】银行市场定位战略建立在对竞争对手和客户需求分析的基础上。银行个人贷款产品的市场定位过程包括识别重要属性、制作定位图、定位选择和执行定位四个步骤。

73.【答案】　C

【解析】市场细分是银行营销战略的重要组成部分，其作用主要表现在以下三个方面：①有利于选择目标市场和制定营销策略；②有利于发掘市场机会，开拓新市场，更好地满足不同客户对金融产品的需求；③有利于集中人力、物力投入目标市场，提高银行的经济效益。

74.【答案】　A

【解析】所谓银行市场定位就是找位置，银行针对面临的环境和所处的位置，考虑当前客户的需求特点，设计出表达银行特定形象的服务和产品，使其在客户心中确定一个恰当的地位，展示银行的鲜明个性。

75.【答案】　D

【解析】贷前调查人应通过面谈了解借款申请人的基本情况、贷款用途、还款意愿和还款能力以及调查人认为应调查的其他内容，尽可能多地了解会对借款人还款能力产生影响的信息，如借款人所经营企业的盈利状况等。此外，可配合电话调查和其他辅助调查方式核实有关申请人身份、收入等其他情况。

76.【答案】 A

【解析】A项，合同填写完毕后，填写人员应及时将有关合同文本交合同复核人员进行复核。同笔贷款的合同填写人与合同复核人不得为同一人。

77.【答案】 C

【解析】不良资产率，一般是指不良资产（次级类贷款＋可疑类贷款＋损失类贷款）与信贷资产总额之比。

78.【答案】 C

【解析】在个人贷款中，保证人为法人的要具备保证人资格和代偿能力。如果保证人三年内连续亏损、在银行黑名单之列或有重大违法行为损害银行利益的，均不得作为保证人。与借款人有关系的自然人如果具备保证人资格和代偿能力，可以担当保证人。

79.【答案】 D

【解析】贷款调查应以实地调查为主、间接调查为辅，采取现场核实、电话查问以及信息咨询等途径和方法。贷款人在不损害借款人合法权益和风险可控的前提下，可将贷款调查中的部分特定事项审慎委托第三方代为办理。

80.【答案】 B

【解析】B项，对于普通个贷，额度就是客户的余额，余额占初始贷款金额越大，往往风险也就越大，行为评分越低。

二、多项选择题

1.【答案】 CE

【解析】商业银行互联网个人贷款的特点主要有：①流程线上化；②审批时限短；③随借随还；④额度低；⑤期限短。

2.【答案】 DE

【解析】个人贷款产品的种类有三种划分方法：①根据产品用途不同，个人贷款产品分为个人消费类贷款和个人经营类贷款等；②根据有无担保，个人贷款产品可以分为有担保贷款和无担保贷款，其中前者包括个人抵押贷款、个人质押贷款、个人保证贷款，后者即个人信用贷款；③根据贷款是否可循环，个人贷款分为个人单笔贷款、个人不可循环授信额度、个人可循环授信额度。

3.【答案】 ABC

【解析】个人耐用消费品贷款是指银行向自然人发放的用于购买大额耐用消费品的人民币担保贷款。其中，耐用消费品通常是指价值较大、使用寿命相对较长的家用商品，包括除汽车、房屋以外的家用电器、电脑、家具、健身器材和乐器等。

4.【答案】 ACDE

【解析】信用卡申请方式一般是通过填写信用卡申请表，申请表的内容一般包括申领人的名称、基本情况、经济状况或收入来源、担保人及其基本情况等，同时提交一定的证件复印件与证明等给发卡行。

5.【答案】 ACDE

【解析】在对市场细分后，要进行市场的选择。细分市场可能具备理想的规模和发展特征，然而从盈利角度看，它未必有吸引力，此时要考虑五种力量进行选择，即同行业竞争者、潜在的新竞争者、替代产品、客户选择能力和中央银行政策，它们决定整个市场或其中任何一个细分市场长期的内在吸引力。

6. 【答案】 ADE

【解析】银行内部资源分析主要涉及以下内容：①人力资源；②资讯资源；③市场营销部门的能力；④经营绩效；⑤研究开发。BC 两项属于银行自身实力分析的内容。

7. 【答案】 ABDE

【解析】C 项，在押品材料受理环节，需要判断拟接受押品是否符合银行押品受理的基本底线要求。

8. 【答案】 ADE

【解析】申请评分可以应用的领域包括贷款审批、信贷政策制定和零售客户风险限额设置三个方面。BC 两项为行为评分的应用。

9. 【答案】 CDE

【解析】个人贷款支付后，贷款人应采取有效方式对贷款资金使用、借款人的信用及担保情况变化等进行跟踪检查和监控分析，确保贷款资产安全。贷款人应区分个人贷款的品种、对象、金额等，确定贷款检查的相应方式、内容和频度。

10. 【答案】 ABCE

【解析】借款合同应当符合《合同法》的规定，明确约定各方当事人的诚信承诺和贷款资金的用途、支付对象（范围）、支付金额、支付条件、支付方式等。借款合同应设置相关条款，明确借款人不履行合同或怠于履行合同时承担的违约责任。

11. 【答案】 ABC

【解析】按照五级分类方式，不良个人住房贷款包括五级分类中的后三类贷款，即次级、可疑和损失类贷款。银行应按照银行监管部门的规定定期对不良个人住房贷款进行认定。

12. 【答案】 ABDE

【解析】除 ABDE 四项外，借款人、担保人构成违约行为的情况还包括：①抵押物受毁损导致其价值明显减少或贬值，以致全部或部分失去了抵押价值，足以危害贷款银行利益，而借款人未按贷款银行要求重新落实抵押、质押或保证的；②抵押人、出质人未经贷款银行书面同意擅自变卖、赠与、出租、拆迁、转让、重复抵（质）押或以其他方式处置抵（质）押物的；③借款人、担保人在贷款期间的其他违约行为。

13. 【答案】 ABCE

【解析】个人住房贷款业务中，对开发商及项目贷后检查的要点除题中 ABCE 四项外，还包括：①项目销售情况及资金回笼情况；②产权证办理的情况；③开发商履行商品房销售贷款合作协议情况；④合作机构的资信情况、经营情况及财务情况等；⑤其他可能影响借款人按时、足额归还贷款的因素。D 项，土地使用及建设工程规划的许可属于贷前调查内容。

14. 【答案】 ABDE

【解析】C 项，是公平原则的要求。

15.【答案】 CDE

【解析】一宗土地包括：坐落、面积、形状、四至、地势、周围环境和景观，利用现状和景观、利用现状、产权状况、地质水文状况、基础设施完备程度和土地平整程度、土地使用管制等。建筑包括：坐落、面积、层数和高度、结构、设备、装修、平面格局、竣工时间、维修养护及完损程度、利用现状、产权状况、外观、公共服务设施设备程度、通风采光、隔声隔热、层高、物业管理等。

16.【答案】 ACDE

【解析】除 ACDE 四项外，个人住房贷款贷后管理的风险还包括：未按规定保管借款合同、担保合同等重要贷款档案资料，造成合同损毁，他项权利证书未按规定进行保管，造成他项权证遗失，他项权利灭失。

17.【答案】 ACD

【解析】B 项，涉及抵押担保的，需提供抵押物的权属证明文件以及有处分权人同意抵押的书面证明［一般操作模式下，财产共有人在借款（抵押）合同上直接签字，可无书面声明］；E 项，借款人及配偶本笔住房贷款月还款额与月收入之比应在 50%（含）以下、月所有债务支出与月收入之比应在 55%（含）以下。

18.【答案】 ABCD

【解析】除了 ABCD 四项外，借款人申请住房公积金贷款还应具备的基本条件有：①具有城镇常住户口或有效居留身份；②有合法有效的购买、大修住房的合同、协议以及贷款银行要求提供的其他证明文件；③符合当地住房公积金管理部门规定的其他借款条件。

19.【答案】 ABCD

【解析】学校在全国学生贷款管理中心下达的年度贷款额度及控制比例内，组织学生申请借款，并接受学生的借款申请。学校机构对学生提交的国家助学贷款申请材料进行资格审查，对其完整性、真实性和合法性负责，初审工作将在收到学生申请后一定时间内完成。此项工作完成后，学校机构进行一定时间的公示，并对有问题的申请进行纠正。初审工作无误后，学校机构在审查合格的贷款申请书上加盖公章予以确认，将审查结果通知学生，并编制国家助学贷款学生审核信息表与申请资料一并送交国家助学贷款经办银行。

20.【答案】 ADE

【解析】个人商用房贷款贷后管理相关工作由贷款经办行及信贷管理部门共同负责。贷款经办行贷后管理内容包括客户关系维护、押品管理、违约贷款催收及相应的贷后检查等工作。信贷管理部门负责贷后监测、检查及对贷款经办行贷后管理工作的组织和督导。

21.【答案】 ABCE

【解析】个人经营贷款信用风险的主要内容包括：①借款人还款能力发生变化；②借款人所控制企业经营情况发生变化；③保证人还款能力发生变化；④抵押物价值发生变化，主要是指由于抵押物价格降低、抵押物折旧、毁损、功能落后等原因导致价值下跌，不能足额抵偿借款人所欠银行贷款本息的情况。

22.【答案】 ABDE

【解析】借款人申请个人经营贷款，除 ABDE 四项以外，需具备的条件还包括：①具有合法有效的身份证明、户籍证明（或有效居住证明）及婚姻状况证明；②能提供贷款人认可的合法、有效、可靠的贷款担保；③借款人在银行开立个人结算账户；④贷款人规定的其他条件。

23. 【答案】 BCE

【解析】抵押物的价值会因市场的波动而表现出不同的价格，当抵押物价值下降到可能危及银行贷款安全时，银行应要求借款人提前归还部分或全部贷款，或再追加提供其他贷款银行认可的抵押物，以保证全部抵押物现值乘以最高抵押率后仍大于或等于剩余贷款本金。

24. 【答案】 BCE

【解析】异议信息确实有误的，商业银行应当采取以下措施：①应当向征信服务中心报送更正信息；②检查个人信用信息报送的程序；③对后续报送的其他个人信用信息进行检查，发现错误的，应当重新报送。

25. 【答案】 ABCE

【解析】中国人民银行颁布的《个人信用信息基础数据库管理暂行办法》明确规定，除了本人以外，商业银行只有在办理贷款、信用卡、担保等业务时，或贷后管理、发放信用卡时才能查看个人的信用报告。

26. 【答案】 BCDE

【解析】A项，个人基本信息表示客户本人的一些基本信息，包括身份信息、婚姻信息、居住信息、职业信息等内容。

27. 【答案】 ABDE

【解析】异议是指个人对自己的信用报告中反映的信息持否定或不同意见。目前，在异议处理工作中，常常遇到的异议申请主要有上述 ABDE 四种类型。

28. 【答案】 ABD

【解析】C项，1年以内（含）的个人贷款，展期期限累计不得超过原贷款期限；1年以上的个人贷款，展期期限累计与原贷款期限相加，不得超过该贷款品种规定的最长贷款期限。E项，不能按期归还贷款的，借款人应当在贷款到期日之前，向贷款人申请贷款展期，是否展期由贷款人决定。

29. 【答案】 CDE

【解析】根据《个人贷款管理暂行办法》第十五条，贷款调查应以实地调查为主、间接调查为辅，采取现场核实、电话查问以及信息咨询等途径和方法。

30. 【答案】 CDE

【解析】根据代理权产生的根据不同，可以将代理分为委托代理、法定代理和指定代理。《民法通则》第六十四条规定，代理包括委托代理、法定代理和指定代理。委托代理按照被代理人的委托行使代理权，法定代理人依照法律的规定行使代理权，指定代理人按照人民法院或者指定单位的指定行使代理权。

三、判断题

1. 【答案】 B

【解析】对于非强增信基础类客户，应更多考虑发放场景化个人贷款；对于强增信基础的客户，可以适当放宽条件。

2.【答案】 A

【解析】个人申领信用卡时，必须具有固定的职业和稳定的收入来源，并向银行提供担保。担保的形式包括个人担保、单位担保和个人资金担保。

3.【答案】 A

【解析】品牌是银行的核心竞争力，是让一家银行在同业中卓尔不群的标志，有了该标志，即使品牌经理离去，甚至银行行长变更，对银行品牌的影响也不大。

4.【答案】 B

【解析】违约风险贴水是指向优质客户以外的借款人收取的风险补偿费用；期限风险贴水是向长期借款人征收的风险补偿费用。

5.【答案】 B

【解析】零售行为评分包括信用卡行为评分和个贷行为评分两个方面。

6.【答案】 A

【解析】在个人住房贷款中，对已发放贷款，具备抵押登记（含预登记）办理条件后及时办理抵押登记手续，并及时修改维护抵押登记信息及完成抵押物账务的处理和他项权证的移交入库；结清贷款的，对注销的抵押登记相关资料进行核实审查，及时办理抵押登记注销手续和处理相关账务。

7.【答案】 B

【解析】与国家助学贷款相比，商业助学贷款的适用范围更广。它适用的对象既可以是在高等院校就读的、家庭贫困的全日制本专科学生、研究生和第二学位学生，又可以是上述对象中的非贫困学生。另外，贷款行还可自主开办境内其他非义务教育阶段全日制学校在校困难学生的商业助学贷款。

8.【答案】 B

【解析】采用履约保证保险申请商用房贷款的，在保险有限期内，借款人不得以任何理由中断或撤销保险。

9.【答案】 B

【解析】在信用报告查询收费的相关管理制度出台以前，查询部门提供信用报告查询服务时暂不收费。

10.【答案】 A

【解析】个人商用房贷款操作风险的防控措施之一是加强抵押物管理，进一步完善抵押物审查、评估、抵押登记等环节的管理，客观、公正估值，合法、有效落实抵押登记手续。对商业前景不明的期房及单独处置困难的产权式商铺等房产，原则上不得接受抵押。

四、综合题

1.（1）【答案】 455

【解析】个人经营贷款的贷款金额最高不超过抵押物价值的70%。抵押房产应由银行确定的评估公司进行评估定价，也可由符合银行规定的相关资格的内部评估人员对抵押房产进行价值评估。本题中，银行最高可贷出的资金为 $650 \times 70\% = 455$（万）。

（2）【答案】 B

【解析】个人可循环授信额度是指由自然人提出申请，并提供符合银行规定的担保或信用条件（一般以房产作为抵押），经银行审批同意，对借款人进行最高额度授信，借款人可在额度有效期内随借随还、循环使用的一种个人贷款业务。题中，陈辰以后可能会有不定期资金需求，所以应该申请个人可循环授信额度。

(3)【答案】　D

【解析】按月还息、到期一次性还本还款法，即在贷款期限内每月只还贷款利息，贷款到期时一次性归还贷款本金，此种方式一般适用于期限在1年以内（含1年）的贷款。

(4)【答案】　ABCDE

【解析】个人经营贷款贷后管理内容包括客户关系维护、押品管理、违约贷款催收及相应的贷后检查等工作。贷款发放后，贷款人要按照主动、动态、持续的原则要求进行贷后检查，通过实地现场检查和非现场监测方式，对借款人有关情况真实性、收入变化情况，以及其他影响个人经营贷款资产质量的因素进行持续跟踪调查、分析，并采取相应补救措施的过程。

2. (1)【答案】　A

【解析】银行的个人住房贷款的还款方式主要有等额本息还款法与等额本金还款法。等额本息还贷方式每月按相同金额还贷款本息，月还款中利息逐月递减，本金逐月递增；等额本金还贷方式还款金额递减，月还款中本金保持相同金额，利息逐月递减。二者的主要区别在于，前者每期还款金额相同，即每月本金加利息总额相同，客户还贷压力均衡，但利息负担相对较多；后者又称"递减还款法"，每月还款本金相同，利息不同，前期还款压力大，但以后的还款金额逐渐递减，利息总负担较少。

(2)【答案】　2149

【解析】采用等额本息还款法，每月还款的金额（本息和）是相同的。每月还款额 = $\dfrac{300000 \times 6\%/12 \times (1+6\%/12)^{240}}{(1+6\%/12)^{240}-1} \approx 2149$（元）

(3)【答案】　215760

【解析】由上题可知，总还款额为 $2149 \times 20 \times 12 = 515760$（元），其利息总额 = $515760 - 300000 = 215760$（元）。

(4)【答案】　2743.75

【解析】采用等额本金还款法，每月还款本金相同，利息递减。第二个月还款额为：每月还款本金 = 贷款本金/还款期数 = $300000/(20 \times 12) = 1250$（元），当月还款利息 = （贷款本金 - 累计已还本金）× 月利率 = $(300000 - 1250) \times 6\%/12 = 1493.75$（元），当月还款金额 = 每月还款本金 + 当月还款利息 = $1250 + 1493.75 = 2743.75$（元）。

(5)【答案】　180750

【解析】第一个月还款利息 = $300000 \times 6\%/12 = 1500$（元），第二百四十个月还款利息 = $(300000 - 1250 \times 239) \times 6\%/12 = 6.25$（元），根据等差数列求和公式可得利息总额 = $(1500 + 6.25)/2 \times 240 = 180750$（元）。

(6)【答案】　955.56

【解析】8年后已还 = $1250 \times 8 \times 12 = 120000$（元），李小溪又有一笔10万元的偶然收

入,所以未还贷款本金=300000-120000-100000=80000(元),在还款期限不变的条件下,即80000元在20-8=12年还清,接下来的第一个月还款额为80000/(12×12)+80000×6%/12≈955.56(元)。

3.(1)【答案】 C

【解析】汽车价格,对于新车是指汽车实际成交价格与汽车生产商公布价格中的低者;对于二手车是指汽车实际成交价格与贷款银行认可的评估价格中的低者。上述成交价格均不得含有各类附加税费及保费等。

(2)【答案】 ABDE

【解析】申请个人汽车贷款需提交的申请材料包括:①合法有效的身份证件,包括居民身份证、户口本或其他有效身份证件,借款人已婚的还需要提供配偶的身份证明材料;②贷款银行认可的借款人还款能力证明材料,包括收入证明材料和有关资产证明等;③购车首付款证明材料等。如借款所购车辆为商用车,还需提供所购车辆可合法用于运营的证明,如车辆挂靠运输车队的挂靠协议和租赁协议等。

(3)【答案】 ABCDE

【解析】申请个人汽车贷款,借款人须提供一定的担保措施,包括质押、以贷款所购车辆作抵押、房地产抵押和第三方保证等,还可采取购买个人汽车贷款履约保证保险的方式。在实际操作中,各商业银行通常会根据具体情况对各种担保方式作出进一步的细化规定。

全国银行业专业人员职业资格考试热题库

《个人贷款（中级）》模拟试卷（二）

一、单项选择题（共80题，每小题0.5分，共40分。以下各小题所给出的四个选项中，只有一项符合题目要求，请选择相应选项，不选、错选均不得分）

1. 关于互联网个人贷款的审批特点错误的是（　　）。
   A. 对于审批未通过的情形一般需要进行复审
   B. 贷款合同的形式主要为电子式，并通过UKEY等设备进行安全管理
   C. 审批时效性强，速度快，一般在3个工作日内完成，有的甚至当天完成审批
   D. 在大数据分析基础上建立适用不同借款人特征的审批模型，借助模型进行打分与审批

2. 下列关于信用卡的说法，不正确的是（　　）。
   A. 借助信用卡这一载体，银行个人结算服务可以延伸到诸如代缴各种费用、代发工资、代客理财等领域
   B. 信用卡业务贯穿银行服务的始终，范围几乎包括银行前台、后台的全部业务系统
   C. 单位申请信用卡时可根据需要领取一张主卡和一张附属卡
   D. 信用卡的出现改进了银行的支付结算业务

3. 信用卡发卡机构可以根据客户的（　　）确定授信额度并发放信用卡。
   A. 风险承受度和违约情况　　　　B. 家庭背景和工作性质
   C. 信用程度和经济实力　　　　　D. 消费水平和工作单位

4. 关于我国现有的个人贷款品种，下列说法不正确的是（　　）。
   A. 可满足个人购房、购车、旅游、装修、临时性资金周转等各方面需求
   B. 既有单一性个人贷款，也有组合性个人贷款
   C. 既有自营性个人贷款，也有委托性个人贷款
   D. 尚无个人经营类贷款

5. 张伟除自住住房外打算在城区再购买一套住房，此时他只可以申请（　　）。
   A. 个人住房装修贷款　　　　　　B. 自营性个人住房贷款
   C. 公积金个人住房贷款　　　　　D. 个人住房组合贷款

6. 到目前为止，我国个人贷款业务的发展经历了起步、发展和规范三个阶段，其诱因不包括（　　）。
   A. 公司信贷业务的蓬勃发展　　　B. 商业银行股份制改革
   C. 国内消费需求的增长　　　　　D. 住房制度的改革

7. 一般来说，经济尚未稳定而且是初次贷款购房的人会选择的还款方式是（　　）。
   A. 到期一次还本付息法　　　　　B. 等额本金还款法

C. 等比累进还款法　　　　　　　　D. 等额本息还款法

8. 个人消费类贷款是指银行向个人客户发放的有指定消费用途人民币贷款业务，下列关于该贷款的说法错误的是（　　）。
   A. 个人汽车贷款所购车辆按注册登记情况可以划分为新车和二手车
   B. 个人医疗贷款一般由贷款银行和保险公司联合当地特定合作医院办理
   C. 个人住房装修贷款可以用于支付家庭装潢和维修工程的施工款、相关的装修材料和厨卫设备款等
   D. 国家助学贷款是指银行自主向个人发放的用于支持境内高等院校学生学费、住宿费和就读期间基本生活费的贷款

9. 个人抵押贷款在各商业银行较为普遍，下列关于个人抵押贷款的说法错误的是（　　）。
   A. 个人抵押贷款是指贷款银行以自然人的、经贷款银行认可的、符合规定条件的财产作为抵押物而向个人发放的贷款
   B. 当借款人不履行还款义务时，贷款银行有权依法以该财产折价或者以拍卖、变卖财产的价款优先受偿
   C. 抵押人所有的房屋和其他地上定着物均可以作为抵押品
   D. 《担保法》规定了可以抵押的财产

10. 下列关于个人住房贷款的说法，错误的是（　　）。
    A. 自营性个人住房贷款也称商业性个人住房贷款
    B. 公积金个人住房贷款也称委托性住房公积金贷款
    C. 主要有自营性个人住房贷款与公积金个人住房贷款两种
    D. 指贷款人向借款人发放的用于购买、建造和大修理各类型住房的贷款

11. 下列关于个人抵押贷款特点的描述，不正确的是（　　）。
    A. 个人抵押授信贷款具有明确的指定使用用途
    B. 借款人向银行申请办理个人抵押授信贷款手续，取得授信额度后，借款人方可使用贷款
    C. 借款人只需要一次性地向银行申请办理个人抵押授信贷款手续，取得授信额度后，便可以在有效期和贷款额度内循环使用
    D. 个人抵押授信贷款提供了一个有明确授信额度的循环信贷账户，借款人可使用部分或全部额度，一旦已经使用的余额得到偿还，该信用额度又可以恢复使用

12. 2016年5月初，王强欲向银行申请100万元的贷款，若他想偿还的利息最少，应选择（　　）。
    A. 到期一次性还本付息　　　　　B. 等额本息还款
    C. 等额本金还款　　　　　　　　D. 组合还款

13. 保证人是指银行认可的，具有（　　）的法人、其他经济组织或自然人。
    A. 良好信誉　　　　　　　　　　B. 代位清偿能力
    C. 代位求偿能力　　　　　　　　D. 一定的经济实力

14. 根据市场选择的标准，下列细分市场银行应选择的是（　　）。

A. 具有较大吸引力，但有可能分散银行精力的 M 市场
B. 银行无条件进入，但能充分发挥其资源优势的 N 市场
C. 市场规模正处于萎缩状态的 K 市场
D. 行业较垄断、替代产品只有一种的 J 市场

15. 根据收入对个人贷款市场进行细分时，所遵循的细分标准是（　　）。
    A. 心理因素　　　B. 行为因素　　　C. 利益因素　　　D. 人口因素

16. 下列各项中，影响银行市场宏观环境的因素是（　　）。
    A. 银行同业竞争对手的实力与策略　　B. 客户的信贷需求
    C. 信贷资金的供求　　　　　　　　　D. 社会物价水平

17. 银行对个人信贷市场环境分析所采用的基本方法是（　　）。
    A. CAMELS 分析方法　　　　B. 5Ps 系统分析方法
    C. CAMEL 分析方法　　　　　D. SWOT 分析方法

18. 下列情形中，最不可能引起社会存款增加的是（　　）。
    A. 证券投资风险增大　　　　B. 收入水平上升
    C. 发生通货膨胀　　　　　　D. 存款利率上升

19. 商业银行个人贷款品牌营销的五要素为（　　）。
    A. 质量第一、诚信至上、定价准确、个性鲜明和巧妙传播
    B. 质量第一、诚信至上、营销到位、价格合理和差异营销
    C. 理念第一、服务至上、定位准确、价格合理和巧妙传播
    D. 理念第一、服务至上、营销到位、个性鲜明和差异营销

20. 下列不属于银行市场定位原则的是（　　）。
    A. 突出特色原则　　　　　　B. 发挥优势原则
    C. 围绕目标原则　　　　　　D. 可衡量性原则

21. （　　）是现代营销最基本的方法，介于大众营销和一对一营销之间。
    A. 交叉营销策略　　　　　　B. 分层营销策略
    C. 专业化营销策略　　　　　D. 产品差异营销策略

22. 下列关于商业银行品牌的理解，错误的是（　　）。
    A. 品牌是一种无形资产
    B. 品牌是商业银行的核心竞争力
    C. 品牌是商业银行保持竞争力的强大工具
    D. 商业银行品牌很容易受到内部人事调动的影响

23. A 银行在分析市场环境时，对自身实力也要分析，其中不应包括（　　）。
    A. 该银行市场营销部门的能力　　B. 政府对该银行的特殊政策
    C. 该银行的市场声誉　　　　　　D. 该银行的市场地位

24. 押品类别为应收账款或保本型理财产品的，应在（　　）登记。
    A. 商业银行　　　　　　　　B. 证券登记结算公司
    C. 中国人民银行征信中心　　D. 所在地的工商行政管理部门

25. 通过估测被评估资产未来预期收益的现值来确定资产价值的各种评估方法的总称

是（　　）。
A. 市场法　　　B. 比较法　　　C. 收益法　　　D. 成本法

26. 下列关于押品种类的说法正确的是（　　）。
   A. 银行的存量押品分为金融质押品、应收账款、商用房地产和居住用房地产三大类
   B. 应收账款包括交易类应收账款和应收租金两种
   C. 金融质押品包括现金及其等价物、贵金属、债券、股票/基金、保单、保本型理财产品等
   D. 商用房地产和居住用房地产大类中不包括房地产类在建工程

27. 通过预测客户未来可能还款金额的多少计算信贷的预期损失水平的模型是（　　）。
   A. 催收响应模型　　　　　　　B. 违约概率模型
   C. 损失程度模型　　　　　　　D. 客户盈利分析模型

28. 下列信息中，不属于评分卡关注的征信信息的是（　　）。
   A. 人民银行征信信息的查询历史　　　B. 为他人担保汇总信息
   C. 银行信贷汇总信息　　　　　　　　D. 黑名单信息

29. 对客户进行行为评分时，所依据的关键信息不包括（　　）。
   A. 额度信息　　　　　　　　B. 客户关系信息
   C. 账户使用记录　　　　　　D. 还款与拖欠行为

30. 根据《个人贷款管理暂行办法》规定，贷款人应按照借款合同约定，收回贷款本息。对于未按照借款合同约定偿还的贷款，贷款人应采取措施进行清收，或者（　　）。
   A. 起诉　　　B. 核销　　　C. 催收　　　D. 协议重组

31. 个人贷款合同填写并复核无误后，贷款发放人应与借款人、担保人签订合同，则下列关于合同签订的说法错误的是（　　）。
   A. 如果签约人委托他人代替签字，签字人必须出具委托人委托其签字并经公证的委托授权书
   B. 借款人、保证人为自然人的，应当面核实签约人身份证明之后由签约人当场签字
   C. 在签订（预签）有关合同文本前，贷款发放人应履行充分告知义务
   D. 保证人如为法人，保证方签字人应为其管理者

32. 个人贷款发放以后，还要进行贷后管理，下列不属于贷后检查范畴的是（　　）。
   A. 对借款企业公司治理的检查　　　B. 对抵押物、质押权利的检查
   C. 对保证人的检查　　　　　　　　D. 对借款人的检查

33. 办理个人住房贷款业务时，贷前调查人调查完成后，应把资料送交（　　）进行下一环节的工作。
   A. 贷款发放人员　　B. 贷款审批人　　C. 贷款审核人　　D. 借款申请人

34. 对于有收益或有潜在收益的房地产，如商店、写字楼、旅馆、影剧院等，它们的收益和风险都能够较准确的量化，适宜采用的房地产估价方法为（　　）。
   A. 假设开发法　　B. 市场法　　C. 收益法　　D. 成本法

35. 采用成本法对房地产估价的理论依据是（　　）。

A. 倒算原理 B. 预期原理
C. 生产费用价值论 D. 房地产价格形成的替代原理

36. 从现有个人住房贷款和汽车贷款的实践情况看，加强对个人贷款合作机构的风险管理非常重要。合作机构可能给贷款银行带来的主要风险不包括（ ）。
   A. 伪造借款人贷款资料骗取贷款 B. 帮借款人出具虚假贷款资料
   C. 注册资本过低影响还贷能力 D. 担保能力不足造成担保悬空

37. 关于个人住房贷款的贷款利率，下列说法正确的是（ ）。
   A. 根据现行规定，个人住房贷款利率浮动区间的下限为基准利率的0.7倍
   B. 存量贷款利率需要调整的，实践中，银行多于法定利率调整当日起按相应的利率
   C. 个人住房贷款的利率按商业性贷款利率执行，下限放开，实行上限管理
   D. 个人住房贷款的计息、结息方式，由贷款银行协商确定

38. 关于房地产估价，下列说法错误的是（ ）。
   A. 房地产价格具有很强的时间性
   B. 房地产估价目的限制了估价报告的用途
   C. 估价对象的最高最佳使用包括最佳用途、最佳规模和最佳集约度
   D. 采用非公开市场价值标准的条件包括交易双方进行交易的目的是追求各自利益的最大化

39. 关于操作风险，下列说法错误的是（ ）。
   A. 借款人恶意欺诈、骗贷和贷款后恶意转移资产的逃废债等现象，是个人汽车贷款操作风险的重要表现形式
   B. 商业银行应当建立健全信用卡业务操作风险的防控制度和应急预案，有效防范操作风险
   C. 人员因素引起的操作风险包括操作失误、违法行为（员工内部欺诈或内外勾结）等情况
   D. 操作风险是一种发生在实务操作中的、内部形成的系统性风险

40. 在个人住房贷款操作风险管理中，下列做法不符合规定的是（ ）。
   A. 执行"先记账、后放款"原则
   B. 借款相关人员（借款人、共同还款人）及其配偶必须到场
   C. 可以办理境外自然人购买符合实际需要的非自用、非自住商品房业务
   D. 在贷款调查中，需审核担保物是否容易变现，同区域同类型担保物价值的市场走势如何

41. 贷款人受托支付完成后，应（ ），归集保存相关凭证。
   A. 核查相关凭证 B. 对账户进行分析
   C. 不必掌握资金流向 D. 详细记录资金流向

42. 关于房地产估价，下列说法错误的是（ ）。
   A. 房地产价格具有很强的时间性
   B. 房地产估价目的限制了估价报告的用途
   C. 估价对象的最高最佳使用包括最佳用途、最佳规模和最佳集约度

D. 非公开市场价值标准的条件包括交易双方进行交易的目的是追求各自利益的最大化

43. 下列不属于公积金个人住房贷款业务操作模式的是（　　）。
    A. "公积金管理中心和承办银行联动"模式
    B. "银行受理，公积金管理中心审核审批，银行操作"
    C. "银行受理、审核审批，公积金管理中心操作"模式
    D. "公积金管理中心受理、审核审批，银行操作"模式

44. 关于房地产估价的方法，下列说法错误的是（　　）。
    A. 市场法适用的对象是交易活跃的房地产
    B. 收益法适用的对象是有收益或有潜在收益的房地产
    C. 假设开发法的难点在于如何确定合理的报酬率或资本化率
    D. 只要是新近开发建设、可以假设重新开发建设或计划开发建设的房地产，都可以采用成本法估价

45. 关于房地产估价方法的选用，下列说法错误的是（　　）。
    A. 若估价对象适宜采用多种估价方法进行，应同时采用多种估价方法进行估价，不得随意取舍
    B. 收益性房地产的估价，应选用收益法作为其中的一种估价方法
    C. 有条件选用成本法进行估价的，应以成本法为主要估价方法
    D. 对同一估价对象宜选用两种以上的估价方法进行估价

46. 下列房地产类型中，难以采用市场法估价的是（　　）。
    A. 学校　　　　　　　　　　B. 商场
    C. 写字楼　　　　　　　　　D. 房地产开发用地

47. 下列说法中，符合房地产估价的一般程序的是（　　）。
    A. 受理估价委托→搜集估价所需资料→拟订估价作业方案→实地查勘估价对象
    B. 受理估价委托→实地查勘估价对象→拟订估价作业方案→搜集估价所需资料
    C. 受理估价委托→实地查勘估价对象→搜集估价所需资料→拟订估价作业方案
    D. 受理估价委托→拟订估价作业方案→搜集估价所需资料→实地查勘估价对象

48. 按使用方式的不同，房地产可以分为（　　）。
    A. 收益性和非收益性房地产
    B. 销售、出租、营业和自用房地产
    C. 生地、毛地、熟地、在建工程和现房
    D. 居住、商业、办公、旅游和综合房地产

49. 办理个人教育贷款时，受理和调查环节面临的操作风险不包括（　　）。
    A. 借款申请人所提交的材料真实性
    B. 借款申请人使用假身份证骗取贷款
    C. 贷款业务是否合规，业务风险与效益是否匹配
    D. 对于商业助学贷款而言，借款申请人的担保措施是否足额、有效

50. 关于商业助学贷款的贷后检查，下列说法错误的是（　　）。

A. 借款人主动提供其信息变更情况的，由贷后检查人员负责及时更新借款人信息
B. 当抵（质）押物市场价格发生变化时，应对其重新估价，并判断其可变现性
C. 可通过客户提供、访谈、实地检查、行内资源查询等途径获取信息
D. 检查的主要内容包括借款人情况检查和担保情况检查两个方面

51. 商业助学贷款贷前调查的重点内容不包括（　　）。
    A. 担保情况的调查
    B. 材料一致性的调查
    C. 借款申请人所在学校社会信誉和竞争力的调查
    D. 借款人身份、资信、经济状况和借款用途的调查

52. 在商业助学贷款中，当借款人和自然人保证人的工作单位及通信方式发生变更时，借款人应提前（　　）天通知贷款银行。
    A. 30　　　　B. 20　　　　C. 15　　　　D. 10

53. 下列行为中，不发生在个人汽车贷款发放环节的是（　　）。
    A. 出账前审核　　B. 开户放款　　C. 放款通知　　D. 审核合同

54. 下列各项中，不属于个人汽车贷款中可能面临的信用风险的是（　　）。
    A. 借款人的信用欺诈和恶意逃债行为　　B. 借款人还款意愿发生变化
    C. 借款人还款能力降低　　D. 内部欺诈

55. 个人汽车贷款实行的原则不包括（　　）。
    A. 分类管理　　B. 利率上浮　　C. 特定用途　　D. 设定担保

56. 张力想购买一部售价30万元的某品牌小轿车自驾，可暂时资金周转不及，欲向商业银行贷款买车。请你帮他算一下，最少首付应该缴纳_____万元，最大贷款额度为_____万元。（　　）
    A. 15；15　　B. 12；18　　C. 9；21　　D. 6；24

57. 银行在受理借款人个人抵押授信贷款业务时，不能接受的抵押物是（　　）。
    A. 借款人抵押在银行的住房　　B. 借款人全额购买的期房
    C. 借款人自有商用房　　D. 借款人自有住房

58. 关于个人汽车贷款业务，下列说法正确的是（　　）。
    A. 每笔贷款可以展期多次，展期之后全部贷款期限不得超过贷款银行规定的最长期限
    B. 二手车是指从办理完机动车注册登记手续到规定报废年限一年之前进行所有权变更并依法办理过户手续的汽车
    C. 所购车辆为自用车的，贷款额度不得超过所购汽车价格的70%
    D. "间客式"运行模式就是"先贷款，后买车"

59. 商业助学贷款中，以第三方保证的，保证人承担（　　）。
    A. 不可撤销的连带责任　　B. 不可撤销的一般责任
    C. 可撤销的连带责任　　D. 可撤销的一般责任

60. 商业助学贷款中，对借款人贷后检查的主要内容不包括（　　）。
    A. 有无发生可能影响借款人还款能力或还款意愿的突发事件

B. 借款人的住所、联系电话有无变动
C. 借款人是否按期足额归还贷款
D. 借款人是否已婚

61. 申请商业助学贷款时，需提交的材料不包括（　　）。
A. 借款人就读学校开具的学费、住宿费和生活费总额等有关材料
B. 借款人的合法身份证件原件和复印件
C. 证明借款人家庭经济贫困的有关材料
D. 借款人或其家庭成员经济收入证明

62. 农村金融机构应当要求借款人当面签订借款合同及其他相关文件，需担保的应当（　　）签订担保合同。
A. 提前　　　B. 同时　　　C. 之后　　　D. 当面

63. 农户贷款中已展期贷款不得再次展期，展期贷款最高列入（　　）进行管理。
A. 损失类　　B. 可疑类　　C. 次级类　　D. 关注类

64. 关于个人商用房贷款，下列说法错误的是（　　）。
A. 贷款额度不得超过所购商用房价值的50%，所购商用房为商住两用房的，贷款额度不得超过所购商用房价值的55%
B. 贷款支持的商用房所占用土地使用权性质为出让，土地类型为住宅、商业、商住两用或综合用地
C. 采用履约保证保险申请商用房贷款的，在保险有效期内，借款人不得以任何理由中断或撤销保险
D. 个人商用房贷款期限最短为1年（含），最长不超过20年

65. 高峰向某银行申请个人商用房贷款100万元，购买甲房地产公司经销的一手商品房，经某银行审核同意后，某银行贷款资金发放的账户应是（　　）。
A. 高峰名下账户　　　　　　B. 某银行名下账户
C. 甲房地产公司名下账户　　D. 其他三项账户都可

66. 采用抵押担保方式申请个人经营贷款的，贷款期限不得超过抵押房产剩余的土地使用权年限，一般情况下，贷款金额最高不超过抵押物价值的（　　）。
A. 50%　　　B. 60%　　　C. 65%　　　D. 70%

67. 个人商用房贷款贷前调查借款人第一还款来源时，银行通常要求借款人提供收入证明文件，下列不能作为收入证明文件的是（　　）。
A. 证明租金收入的租赁合同和租金入账凭证
B. 最近六个月连续完整的信用卡透支消费流水
C. 近三个月连续完整的个人所得税完税证明或代扣代缴税凭证原件
D. 显示近三个月连续完整的工资、奖金等收入入账的银行流水单原件

68. 农村金融机构对按期还款、信用良好的借款人采取的奖励方式不包括（　　）。
A. 返还本金　　B. 信用累积　　C. 利息返还　　D. 优惠利率

69. 农村金融机构（　　）部门、审计部门应当对分支机构贷后管理情况进行检查。
A. 个人贷款　　B. 公司金融　　C. 信贷管理　　D. 风险管理

70. 个人经营贷款常用的还款方式有等额本息还款法、（　　）和到期一次还本法三种。
    A. 递增本金还款法　　　　　　　　B. 滚动利息还款法
    C. 等额利息还款法　　　　　　　　D. 等额本金还款法

71. 王伟两年前在北京办理了一张信用卡，后调到上海工作，地址和电话信息都更换了，王伟从此一直没收到信用卡对账单和通知短信，所以并不知道自己尚有几笔欠款未还清，今年，准备结婚的王伟欲贷款买房时才发现，则王伟应该（　　）。
    A. 立即通知信用卡中心更新其个人信息，及时还清欠款并保持按时还款
    B. 发现之前的信用卡被停卡后，立即销卡，以销毁原来的不良信用记录
    C. 只要在下次申请信用卡或贷款前去银行还清欠款，就不会留下信用污点
    D. 发现之前的信用卡被停卡后，立即去另一家银行申请新信用卡，覆盖原来的不良信用记录

72. 关于个人征信系统的授权管理，下列说法错误的是（　　）。
    A. 商业银行可以根据个人申请有偿提供其本人的信用报告，但必须核实申请人身份
    B. 商业银行应制定贷后风险管理查询个人信用报告的内部授权制度和查询管理程序
    C. 书面授权可以通过在贷款、贷记卡、准贷记卡以及担保申请书中增加相应条款取得
    D. 对已发放的个人贷款进行贷后风险管理时，商业银行查询个人信用报告无须取得被查询人的书面授权

73. 对于个人征信的安全管理，人民银行要求商业银行各级用户应妥善保管自己的用户密码，至少（　　）更改一次密码。
    A. 半年　　　　B. 三个月　　　　C. 两个月　　　　D. 一个月

74. 根据最新的国务院及有关部门文件规定，如因当地暂不具备查询条件而不能提供家庭住房实际查询结果的，借款人应向贷款人提交家庭住房实有套数的_____，如借款人提交的材料不实，贷款人应_____。（　　）
    A. 口头声明；将其记作不良记录
    B. 口头声明；与借款人协商收回贷款
    C. 书面诚信保证；将其记作不良记录
    D. 书面诚信保证；与借款人协商收回贷款

75. 商业银行应以（　　）的方式发放对政府土地储备机构的贷款。
    A. 保证担保　　　B. 质押担保　　　C. 抵押担保　　　D. 信用担保

76. 商业银行在办理个人住房贷款业务时，应区别判断抵押物状况，抵押物价值的确定以该房产（　　）为准。
    A. 该次买卖交易中的成交价或评估价的较高者
    B. 该次买卖交易中的成交价或评估价的较低者
    C. 该次买卖交易中的成交价
    D. 最新的评估价

77. 下列关于个人汽车贷款的表述，错误的是（　　）。

A. 个人汽车贷款最主要的运行模式包括"间客式"与"直客式"两种
B. 汽车价格，对于二手车是指汽车实际成交价格与贷款银行认可的评估价格中的低者
C. 二手车是指从办理完机动车注册登记手续到规定报废年限两年之前进行所有权变更并依法办理过户手续的汽车
D. 汽车经销商同购车人达成一致，以同一套购车资料向多家银行申请贷款，而这一套购车资料是完全真实的，该行为属于欺诈行为

78. 关于银行的营销策略，下列说法错误的是（　　）。
    A. 在客户对价格十分敏感的情况下，竞争基本上是在价格上展开的，此时成本领先战略特别奏效
    B. 产品差异策略主要适用于竞争对手使用的差异化服务的数目少于有效的差异性服务的数目时
    C. 交叉营销的立足点主要在于争取新客户
    D. 大众营销策略的特点是目标大、针对性不强、效果差

79. 某客户申请贷款购买首套 150 平方米住房（该住房为二手房），并以该房产做贷款抵押物，房屋买卖合同交易价格为 120 万元，但银行评估价格为 100 万元，银行发放该笔贷款最多不得超过（　　）万元。
    A. 70　　　　B. 80　　　　C. 84　　　　D. 96

80. 对以"商住两用房"名义申请贷款的，首付款比例不得低于（　　），贷款期限和利率水平按照商业性用房贷款管理规定执行。
    A. 30%　　　B. 45%　　　C. 70%　　　D. 80%

二、多项选择题（共 30 题，每小题 1 分，共 30 分。以下各小题所给出的五个选项中，只有两项或两项以上符合题目要求，请选择相应选项，不选、错选均不得分）

1. 对互联网个人贷款进行征信管理时，常见的问答分析形式包括（　　）。
   A. 实地发放问卷　　　　　　B. 面对面的访谈
   C. 线上视频访谈　　　　　　D. 在网站上设置问卷
   E. 对客户进行电话访谈

2. 信用卡的正面一般包括哪些内容？（　　）
   A. 信用卡专用标志或防伪暗记
   B. 记录持卡人密码、账号、金额等信息的磁条
   C. 供持卡人签名的签字条以及发卡机构的简单声明
   D. 发卡机构的代号、信用卡号码、持卡人性别及姓名、信用卡有效期等
   E. 该种信用卡特有的注册商标图案以及发卡机构名称和该种信用卡名称

3. 关于个人贷款还款方式，下列说法正确的是（　　）。
   A. 对收入增加的客户，可采取增大累进额、缩短间隔期等办法，使借款人分期还款额增多、从而减少借款人的利息负担

B. 如果预期未来收入呈递减趋势，可选择等比递增法，减少利息支出

C. 还款期间，每个阶段约定偿还的本金在规定的年限中按等额本金的方式计算每周偿还额

D. 按月还息、到期一次性还本还款法，一般适用于期限在1年以上的贷款

E. 等额累进还款法和等比累进还款法相似的特点是当借款人还款能力发生变化时，可通过调整累进额或间隔期来适应客户还款能力的变化

4. 对于贷款期限在1年以上的个人贷款，合同期内遇法定利率调整时，贷款利率（　　）。

   A. 不分段计息　　　　　　　　B. 执行原合同利率
   C. 也可采用固定利率的确定方式　D. 可由借贷双方按商业原则确定
   E. 可在合同期间按月、按季、按年调整

5. 银行网点机构营销渠道的分类主要包括（　　）。

   A. 专业性网点机构营销渠道　　B. 零售型网点机构营销渠道
   C. 全方位网点机构营销渠道　　D. 高端化网点机构营销渠道
   E. 网络型网点机构营销渠道

6. 银行市场微观环境分析的内容包括（　　）。

   A. 货币政策的调整　　　　　　B. 监督政策的变动
   C. 信贷资金的供求情况　　　　D. 客户的信贷需求和信贷动机
   E. 银行同业竞争对手的实力与策略

7. 在实施零售贷款风险监控过程中，充分考虑不同风险评级客户的风险程度不同，按照（　　）的原则进行管理。

   A. 贷后检查　　　　　　　　　B. 实时监控
   C. 差别管理　　　　　　　　　D. 动态管理
   E. 重点关注

8. 押品日常管理控制的具体措施有（　　）。

   A. 日常监控　　　　　　　　　B. 台账的建立
   C. 权证的管理　　　　　　　　D. 出入库的管理
   E. 押品信息更新

9. 行为评分可以应用在以下哪些方面？（　　）

   A. 贷款审批　　　　　　　　　B. 零售分池
   C. 信贷政策制定　　　　　　　D. 贷后风险监控
   E. 信用卡额度调整

10. 申请评分卡决策所依据的关键信息包括（　　）。

    A. 个人征信信息　　　　　　　B. 客户家庭信息
    C. 客户基本信息　　　　　　　D. 客户关系信息
    E. 银行综合类信息

11. 贷款人应按照借款合同约定，通过（　　）方式对贷款资金的支付进行管理与控制。

A. 借款人亲自支付 B. 借款人受托支付
C. 贷款人自主支付 D. 贷款人受托支付
E. 借款人自主支付

12. 个人贷款申请应具备的条件包括（　　）。
A. 必须拥有抵押资产
B. 贷款用途明确合法
C. 贷款申请数额、期限和币种合理
D. 借款人具备还款意愿和还款能力
E. 借款人信用状况良好，无重大不良信用记录

13. 了解合作机构的信用状况的途径包括（　　）。
A. 司法部门 B. 银行监管部门
C. 合作银行部门 D. 金融监管机构
E. 工商管理部门

14. 个人住房贷款支付管理环节的主要风险点包括（　　）。
A. 未按规定将贷款发放至相应账户
B. 未详细记录资金流向和归集保存相关凭证
C. 贷款资金发放前，未审核借款人相关交易资料和凭证
D. 在未接到借款人支付申请、支付委托的情况下，直接将贷款资金支付出去
E. 未按规定的贷款金额、贷款期限、贷款的担保方式、贴息等发放贷款，导致贷款错误核算，发放金额、期限与审批表不一致，造成错误发放贷款

15. 下列关于个人住房贷款信用风险防范措施的说法，正确的是（　　）。
A. 加强对借款人还款能力的甄别
B. 验证借款人收入的真实性
C. 深入了解客户还款意愿
D. 如果借款人是老客户，往往可以通过职业、家庭、教育、年龄、稳定性等个人背景因素来综合判断其还款意愿
E. 防范个人住房贷款违约风险需特别重视把握借款人的抵押物

16. 房地产估价的原则包括（　　）。
A. 替代原则 B. 合法原则
C. 公平原则 D. 谨慎原则
E. 最高最佳使用原则

17. 关于房产税的缴纳，下列说法正确的有（　　）。
A. 房产税一般由使用人缴纳
B. 产权属于全民所有的，由经营管理的单位缴纳
C. 产权出典的，由承典人缴纳
D. 产权未确定及典租纠纷未解决的，不用缴纳
E. 产权所有人、承典人不在房产所在地的，由房产代管人或者使用人缴纳

18. 商业银行对借款人收入来源审查侧重点不适当的有（　　）。

A. 甲某经营一家私人石材厂，银行经办人员侧重考察生产、经营净现金流是否可靠、稳定、足额

B. 乙某是一家外企职工，银行经办人员侧重考察乙某的职务，所在公司收入的稳定性等

C. 丙某是一家效益不好企业的员工，其名下有诸多房产用于出租，银行经办人员主要考察丙某的工资收入

D. 丁某是一家股份有限公司中层领导，且有权在股东大会召开一日前提出临时提案并书面提交董事会，银行经办人员只考虑其工资收入

E. 戊某是机械厂技工，同时大量投资于基金，银行经办人员综合考察其工资收入和基金净值总额

19. 下列关于商业助学贷款担保方式的说法，正确的有（　　）。
   A. 可以采用抵押、质押、保证或其组合，或借款人投保相关保险
   B. 以资产作抵押的，借款人应根据贷款银行的要求办理抵押物保险
   C. 以质押方式申请商业助学贷款的，需办理质物或其权利凭证转移占有手续及相关出质登记
   D. 以第三方保证方式申请贷款的，第三方提供的保证为一般责任保证
   E. 因为同学之间互相了解情况，贷款银行应允许同学之间互保

20. 在保险公司为个人汽车贷款提供履约保证保险的过程中，银行可能面临的风险包括（　　）。
   A. 免责条款使贷款银行难以追究保险公司的保险责任
   B. 保证保险的责任仅限于贷款本金和利息
   C. 保证担保的责任仅限于贷款本金和利息
   D. 银保合作协议的法律效力不确定
   E. 保险公司依法解除保险合同

21. 下列关于出国留学贷款说法正确的有（　　）。
   A. 贷款的偿还遵循"贷人民币还人民币"和"贷外汇还外汇"的原则
   B. 贷款到期日时借款人的实际年龄不得超过60周岁
   C. 贷款对象为留学人员或其直系亲属
   D. 需要提供一定的担保措施
   E. 贷款期限一般为1~6年

22. 个人汽车贷款的借款人要变更还款方式，需满足的条件有（　　）。
   A. 借款人在变更还款方式前应归还当期的贷款本息
   B. 借款人的贷款账户中没有拖欠本息及其他费用
   C. 应向银行提交还款方式变更申请书
   D. 借款人无逾期记录
   E. 贷款尚未到期

23. 对于车贷提前还款，银行一般约定（　　）。
   A. 银行按规定计收违约金

B. 银行应退还提前还款额的利息
C. 借款人应向银行提交提前还款申请书
D. 借款人的贷款账户未拖欠本息及其他费用
E. 借款人在提前还款前应归还当期的贷款本息

24. 个人经营贷款中银行贷款审查应对（　　）进行全面审查。
    A. 贷款调查内容的可靠性
    B. 贷款调查内容的准确性
    C. 贷款调查内容的合理性
    D. 贷款调查内容的合法性
    E. 贷前调查人提交的个人经营贷款调查审查审批表

25. 以质押方式申请个人经营贷款时，可作为质物的有（　　）。
    A. 应收账款
    B. 记账式国债
    C. 定期储蓄存单
    D. 凭证式国债（电子记账）
    E. 拥有土地使用权证的出让性质的土地

26. 在个人商用房贷款中，贷款审批人应根据审查情况签署审批意见，下列说法正确的是（　　）。
    A. 对未获批准的贷款申请，贷款人应告知借款人，贷款签批人不得同意发放
    B. 对需补充材料后再审批的，应详细说明需要补充的材料名称与内容
    C. 对同意或有条件同意贷款的，应提出明确的调整意见
    D. 对未获批准的贷款申请，提出明确的调整意见
    E. 对未获批准的贷款申请，应写明拒批理由

27. 下列关于个人商用房贷款流程的说法，正确的有（　　）。
    A. 贷款审批人应根据审查情况签署审批意见
    B. 贷款审查人需要提出是否同意贷款的明确意见
    C. 贷款审查应对贷款调查内容的合法性、合理性、准确性进行全面审查
    D. 贷款审查人应对贷前调查人提出的调查意见和贷款建议是否合理、合规等提出书面审查意见
    E. 贷款受理人应要求商用房贷款申请人以书面形式提出贷款申请，填写借款申请表，并按银行要求提交相关申请材料

28. 异议信息确实有误，但因技术原因无法修改时，征信服务中心应（　　）。
    A. 提供原信用报告
    B. 对该异议信息做特殊标注
    C. 检查个人信用数据库中存在的问题
    D. 不得按照异议申请人要求更改个人信息
    E. 在书面答复中予以说明，待更正后再提供信用报告

29. 公民个人可以到（　　）申请查询本人的信用报告或代理他人查询信用报告。
    A. 当地的分中心
    B. 发放贷款的银行
    C. 中国人民银行征信中心
    D. 中国工商银行征信中心

E. 中国建设银行征信中心

30. 根据《中华人民共和国民法通则》，在个人贷款业务活动中属于法律意义上有效的客户有（　　）。
   A. 十八周岁以上的公民
   B. 限制民事行为能力人
   C. 完全民事行为能力的自然人
   D. 无民事行为能力人的法定代理人
   E. 十六周岁以上不满十八周岁的公民，以自己的劳动收入为主要生活来源的

三、判断题（共10题，每小题1分，共10分。请判断以下各小题的对错，正确的用"A"表示，错误的用"B"表示。）

1. 互联网个人贷款面临的行业风险在本质上是由行业波动导致的一种信用风险。（　　）

2. 个体网络借贷是指互联网企业通过其控制的小额贷款公司，利用互联网向客户提供的小额贷款。（　　）

3. 在选择目标市场时，银行应该考虑放弃有较大吸引力，但是不能推动银行完成主要发展目标的市场。（　　）

4. 押品价值评估是押品管理的重要环节，包括贷款发放前对押品价值的初次评估和贷款发放后对押品价值的重新评估两种情形。（　　）

5. 如果客户申请的信用额度低于每个月末自动计算的"影子信用额度"，则可以自动通过申请。（　　）

6. 采用保证担保方式的，保证人应与贷款银行签订保证合同，保证人为借款人提供的贷款担保为全额连带责任保证，借款人与保证人之间可相互提供保证。（　　）

7. 国家助学贷款的利率执行中国人民银行规定的同期贷款基准利率，不上浮。（　　）

8. 原则上，个人经营贷款的抵押手续应完全交由外部中介机构办理。（　　）

9. 商业银行各查询用户的用户名及密码除本人使用外，还可以授权他人使用。（　　）

10. 个人征信系统在提高审贷效率、方便群众借贷、防止不良贷款等方面发挥了积极的作用。（　　）

四、综合题（共20分）

1. 借款人王涛是国企男员工，今年47岁，离异。王涛2年前已全款购买一套普通住房，现计划在某现房项目再购买一套面积为90平米的商品住房，每平米价格为1.2万元，每平米物业费2元，并向银行申请个人住房贷款。该银行首套房贷款最低执行利率为基准利率9折（5年以上贷款基准利率为4.9%），二套房贷款最低执行利率为基准利率的1.1倍。

   (1) 假设王涛申请的贷款执行相应最低利率，王涛可申请的最长贷款期限为（　　）年。（单项选择题，2分）
      A. 23　　　　　B. 28　　　　　C. 30　　　　　D. 33

（2）其应支付的最低首付款金额为（　　）万元。（保留一位小数位）（填空题，2分）

（3）若申请上述最长年限贷款，采用等额本息还款方式，则王涛每月还款金额为（　　）元。（取整数）（填空题，3分）

（4）若王涛名下无其他负债，王涛收入至少应达到（　　）元/月。（填空题，3分）

（5）王涛取得房产证1年后，将该房产出售给张海，交易过程中可能涉及的税收包括（　　）。（多项选择题，2分）

  A. 契税　　　　　　　　　　B. 所得税
  C. 印花税　　　　　　　　　D. 增值税
  E. 房产税

（6）王涛以小学五年级的儿子的名义购房，并向银行申请个人住房贷款，王涛作为共同还款人，银行可以进行按揭支付。（　　）（判断题，2分）

  A. 正确　　　　　　　　　　B. 错误

2. A城市为非限购城市，开发商开发了"城市广场"城市综合体项目，总建筑面积50万平方米，其中住房20万平方米，销售均价1.2万元/平方米，商铺20万平方米，销售均价2.4万元/平方米，公寓（商住两用房）10万平方米，销售均价1.8万元/平方米。开发商拟将该项目全部出售，在取得项目商品房预售许可证之后，开发商向某商业银行提出按揭合作申请，银行通过楼盘准入流程，对楼盘进行了准入。

（1）银行对该项目最多可发放（　　）亿元按揭贷款。（单项选择题，2分）
  A. 50.7　　　B. 51.3　　　C. 53.1　　　D. 90

（2）对商用房项目楼盘准入调查时，应重点调查的内容包括（　　）。（多项选择题，2分）

  A. 后续运营安排
  B. 项目销售比例
  C. 项目周边同类商业业态情况
  D. 开发商商业地产开发及运营经验
  E. 项目所处区位情况、周边商业氛围、交通状况

（3）对商业用房进行价格评估时，主要运用（　　）的评估方法。（单项选择题，2分）

  A. 市场法和成本法　　　　　B. 市场法和收益法
  C. 收益法和成本法　　　　　D. 成本法和比较法

模拟试卷（二）参考答案及解析

一、单项选择题

1.【答案】　A

【解析】A项，对互联网个人贷款进行审批时，审批未通过的情形一般不进行复审。

2.【答案】　C

【解析】C项，申领信用卡的对象包括单位和个人，每个单位申请信用卡可根据需要领取一张主卡和多张附属卡。

3. 【答案】 C

【解析】信用卡发卡机构根据客户的信用程度和经济实力确定授信额度并发放信用卡，持卡人在授信额度内持信用卡消费时无须支付现金，但须根据约定的时间和方式进行还款。

4. 【答案】 D

【解析】D项，目前，在我国个人贷款市场上既有个人消费类贷款，也有个人经营类贷款，可满足个人在个人消费、从事生产经营等各方面的需求。

5. 【答案】 B

【解析】A项，个人住房装修贷款是指银行向自然人发放的、用于装修自用住房的人民币担保贷款；C项，公积金个人住房贷款带有政策保障性，是国家为保障城镇居民基本的居住条件而发放的贷款，个人只有在按时足额缴存住房公积金，且购买的住房为自住住房时才可申请；D项，个人住房组合贷款是自营性个人住房贷款和公积金个人住房贷款的组合。

6. 【答案】 A

【解析】在我国个人贷款业务的发展历程中，住房制度的改革促进了个人住房贷款的产生和发展，国内消费需求的增长推动了个人消费信贷的蓬勃发展，商业银行股份制改革推动了个人贷款业务的规范发展。

7. 【答案】 D

【解析】等额本息还款法和等额本金还款法是常用的个人住房贷款还款方法。在最初贷款购买房屋时，等额本金还款法的负担比等额本息还款法重，一般说来，对于经济尚未稳定而且是初次贷款购房的人来说是不利的，因此大多数借款人采用等额本息还款法还款。

8. 【答案】 D

【解析】D项，商业助学贷款是指银行按商业原则自主向自然人发放的用于支持境内高等院校困难学生学费、住宿费和就读期间基本生活费的商业贷款。国家助学贷款是由政府主导、财政贴息、财政和高校共同给予银行一定风险补偿金，银行、教育行政部门与高校共同操作的，帮助高校家庭经济困难学生支付在校学习期间所需的学费、住宿费及生活费的银行贷款。

9. 【答案】 A

【解析】A项，个人抵押贷款在各商业银行较为普遍，它是指贷款银行以借款人或第三人提供的、经贷款银行认可的、符合规定条件的财产作为抵押物而向自然人发放的贷款。

10. 【答案】 C

【解析】C项，个人住房贷款主要有三种：①自营性个人住房贷款；②公积金个人住房贷款；③个人住房组合贷款。

11. 【答案】 A

【解析】A项，个人抵押授信贷款并没有明确指定使用用途，其使用用途比较综合，个人只要能够提供贷款使用用途证明即可。

12. 【答案】 C

【解析】题中给出的四种还款方式中，等额本金偿还法偿还本金的速度最快，因而整个还款过程中承担的利息最少。A 项,到期一次性还本付息偿还本金的速度最慢,承担的利息最多;B 项,等额本息还款法居于等额本金与到期一次性还本付息之间;D 项,组合还款法由于还款期数、每期还款额比较灵活,负担利息额视具体情况不同而不同。

13. 【答案】 B

【解析】保证人必须具有代位清偿能力,且必须经银行认可,这样才能确保银行债权的实现。

14. 【答案】 D

【解析】银行选择目标市场时应考虑以下因素:①符合银行的目标和能力;②有一定的规模和发展潜力;③细分市场结构的吸引力。A 项,M 市场不符合银行的目标,分散银行精力,使之无法完成其主要目标,这样的市场应考虑放弃;B 项,N 市场不符合银行的能力;C 项,K 市场正处于萎缩状态,银行进入后难以获得发展,不宜轻易进入。

15. 【答案】 D

【解析】个人信贷市场细分的标准主要有人口因素、地理因素、心理因素、行为因素和利益因素。其中人口因素包括年龄、性别、家庭人数、收入等,根据这些因素对市场的划分都是依据人口因素标准。

16. 【答案】 D

【解析】银行市场环境分析的宏观环境因素包括:①经济与技术环境;②政治与法律环境;③社会、人口与文化环境。D 项属于经济与技术环境的内容,ABC 三项均属于银行市场环境分析的微观环境因素。

17. 【答案】 D

【解析】银行主要采用 SWOT 分析方法对其内外部环境进行综合分析。ABC 三项均属于客户信用评级方法。

18. 【答案】 C

【解析】C 项,当发生通货膨胀时,社会物价会普遍上涨,使货币存款发生贬值,此时消费者为保值会倾向于将存款取出投资实物产品,如房产、黄金等,从而导致社会存款下降。

19. 【答案】 A

【解析】产品竞争要经历产量竞争、质量竞争、价格竞争、服务竞争到品牌竞争,前四个方面的竞争其实就是品牌营销的前期过程,当然也是品牌竞争的基础。要做好品牌营销,以下五个要素十分重要:①质量第一;②诚信至上;③定位准确;④个性鲜明;⑤巧妙传播。

20. 【答案】 D

【解析】银行市场定位原则包括:①发挥优势;②围绕目标;③突出特色。D 项属于市场细分的原则。

21. 【答案】 B

【解析】分层营销是现代营销最基本的方法,它把客户分成不同的细分市场,提供不同的产品和不同的服务,但又不同于一对一的营销,研究的是某一层面所有的需求,介于大众营销和一对一营销之间,用相对少的资源满足一批客户的需求。

22. 【答案】 D

【解析】品牌是银行的核心竞争力，是让一家银行在同业中卓尔不群的标志，有了该标志，即使品牌经理离去，甚至银行行长的变更，对银行品牌的影响也不大。品牌已成为一种无形资产，从某种程度上说，品牌可以看成银行保持竞争优势的一种强有力的工具。

23. 【答案】 A

【解析】银行市场环境分析中的内部环境分析包括银行内部资源分析和银行自身实力分析两个方面。其中，自身实力分析的内容包括：①银行的业务能力；②银行的市场地位；③银行的市场声誉；④银行的财务实力；⑤政府对银行的特殊政策；⑥银行领导人的能力。A项属于银行内部资源分析的内容。

24. 【答案】 C

【解析】押品类别为应收账款、保本型理财产品的，在中国人民银行征信中心登记；押品类别为企业的设备和其他不动产的，在财产所在地的工商行政管理部门登记；押品类别为基金份额、证券登记结算机构登记的股权的，在证券登记结算公司登记。

25. 【答案】 C

【解析】AB两项，市场法又称为市场比较法或比较法，指利用市场上同样或类似资产的近期交易价格，经过直接比较或类比分析来估测资产价值的各种评估技术方法的总称；D项，成本法是指首先估测被评估资产的重置成本，然后估测被评估资产业已存在的各种贬损因素，并将其从重置成本中予以扣除而得到被评估资产价值的各种评估方法的总称。

26. 【答案】 C

【解析】A项，银行的存量押品分为金融质押品、应收账款、商用房地产和居住用房地产、其他押品四大类；B项，除交易类应收账款和应收租金外，应收账款还包括公路收费权、学校收费权等；D项，商用房地产和居住用房地产包括商用房地产、居住用房地产、商用建设用地使用权和居住用建设用地使用权、房地产类在建工程等。

27. 【答案】 C

【解析】损失程度模型根据客户的历史行为，预测客户未来可能还款金额的多少，从而计算信贷的预期损失水平，该模型应用范围较广，可以用于90天以上的已违约客户。

28. 【答案】 D

【解析】评分卡关注的征信信息主要包括：银行信贷汇总信息、信用卡汇总信息、准贷记卡汇总信息、为他人担保汇总信息，以及上述信息的明细信息，另外还包括人民银行征信信息的查询历史等。

29. 【答案】 B

【解析】行为评分主要依据客户的账户历史使用行为进行评分，具体细分为还款与拖欠行为历史记录、账户使用记录、额度信息等几类行为信息。B项为申请评分卡决策所依据的关键信息。

30. 【答案】 D

【解析】根据《个人贷款管理暂行办法》第四十条规定，贷款人应按照借款合同约定，收回贷款本息。对于未按照借款合同约定偿还的贷款，贷款人应采取措施进行清收，或者协议重组。

31. 【答案】 D

【解析】个人贷款保证人为法人的，保证方签字人应为其法定代表人或其授权代理人，授权代理人必须提供有效的书面授权文件。

32. 【答案】 A

【解析】个人贷款贷后检查是以借款人、抵（质）押物、担保保证人、担保物为对象，通过客户提供、访谈、实地检查、行内资源查询等途径获取信息，对影响贷款资产质量的因素进行持续跟踪调查、分析，并采取相应补救措施的过程，从而可以判断借款人的风险状况，提出相应的预防或补救措施。

33. 【答案】 C

【解析】个人住房贷款业务操作流程包括贷款的受理与调查、审查与审批、签约与发放、支付管理和贷后管理五个环节。当贷前调查完成后，贷前调查人应对调查结果进行整理、分析，填写《个人住房贷款调查审批表》，提出是否同意贷款的明确意见及对贷款要素的建议，并形成对借款申请人还款能力等方面的调查意见，连同申请资料等一并送交贷款审核人进行审核。

34. 【答案】 C

【解析】收益法适用的对象是有收益或有潜在收益的房地产，如商店、写字楼、公寓、旅馆、影剧院、停车场、标准厂房等，它不限于估价对象本身现在是否有收益，只要其所属的这类房地产有获取收益的能力即可。收益法适用的条件是房地产的收益和风险都能够较准确的量化。

35. 【答案】 C

【解析】成本法的理论依据是生产费用价值论——商品的价格是由其生产所必要的费用决定的。

36. 【答案】 C

【解析】合作机构风险的表现形式主要有：①房地产开发商和中介机构的欺诈风险；②担保公司的担保风险；③其他合作机构的风险。

37. 【答案】 A

【解析】B项，实践中，银行多于次年1月1日起按相应的利率档次执行新的贷款利率；C项，个人住房贷款的利率按商业性贷款利率执行，上限放开，实行下限管理；D项，个人住房贷款的计息、结息方式，由借贷双方协商确定。

38. 【答案】 D

【解析】D项，采用公开市场价值标准的条件包括交易双方进行交易的目的是追求各自利益的最大化。

39. 【答案】 D

【解析】操作风险是指在个人住房贷款业务操作过程中，由于违反操作规程或操作中存在疏漏等情况而产生的风险，是一种发生在实务操作中的、内部形成的非系统性风险。

40. 【答案】 C

【解析】C项，境外机构在境内设立的分支、代表机构（经批准从事经营房地产业的企业除外）和境外自然人可以购买符合实际需要的自用、自住商品房，不得购买非自用、非自住商品房。

41.【答案】 D

【解析】采用贷款人受托支付的个人贷款，银行应明确受托支付的条件，规范受托支付的审核要件，贷款人应要求借款人在使用贷款时提出支付申请，并授权贷款人按合同约定方式支付贷款资金。贷款人应在贷款资金发放前审核借款人相关交易资料和凭证是否符合合同约定条件，支付后做好有关细节的认定记录。贷款人受托支付完成后，应详细记录资金流向，归集保存相关凭证。

42.【答案】 D

【解析】D项，"交易双方进行交易的目的是追求各自利益的最大化"是公开市场价值标准的条件。

43.【答案】 C

【解析】公积金个人住房贷款业务操作模式有：①"银行受理，公积金管理中心审核审批，银行操作"模式：银行受托受理职工公积金借款申请，公积金管理中心负责审批，银行负责审核审批、办理合同签约和贷款发放等具体金融手续；②"公积金管理中心受理、审核和审批，银行操作"模式：公积金管理中心受理职工公积金借款申请，审核审批后，由银行办理合同签约、贷款发放等具体金融手续；③"公积金管理中心和承办银行联动"模式：银行受理职工公积金借款申请，通过网络实时将资料、审查结果和审查信息传达给公积金管理中心，公积金管理中心进行联机审核审批后，将审批意见通过网络发送给银行，银行根据审批意见办理具体金融手续，将相关账务信息通过网络传送给公积金管理中心，与公积金管理中心联机记账和对账。

44.【答案】 C

【解析】C项，收益法的难点在于求取净收益时的扣除项目"运营费用"如何准确界定以及如何确定合理的报酬率或资本化率。在房地产市场繁荣时期，收益法容易高估预期收益从而高估房价。

45.【答案】 C

【解析】C项，有条件选用市场法进行估价的，应以市场法为主要估价方法。

46.【答案】 A

【解析】市场法适用的对象是交易活跃的房地产，如房地产开发用地、商品住宅、写字楼、商场、标准工业厂房等。对于那些很少发生交易的房地产，如特殊工业厂房、学校、教堂、寺庙等，则难以采用市场法估价。

47.【答案】 D

【解析】房地产估价的一般程序是：获取估价业务→受理估价委托及明确估价基本事项（包括估价目的、估价对象、估价时点等）→拟订估价作业方案→搜集估价所需资料→实地查勘估价对象→选定估价方法测算→确定估价结果→撰写估价报告→审核估价报告→出具估价报告→估价资料归档。

48.【答案】 B

【解析】房地产的类型可以按不同标准划分：①按用途分为居住、商业、办公、旅游、餐饮、娱乐工业和仓储、农业、特殊用途和综合房地产；②按开发程度分为生地、毛地、熟地、在建工程和现房；③按是否产生收益分为收益性和非收益性房地产；④按使用方式分为销售、出租、营业和自用房地产。

49．【答案】　C

【解析】C项属于审查和审批环节需要考察的风险点。

50．【答案】　A

【解析】A项，借款人主动提供信息变更情况的，由经办人负责及时更新借款人的相关信息。

51．【答案】　C

【解析】在办理商业助学贷款业务时，贷前调查人应重点调查以下内容：①材料一致性的调查；②借款人身份、资信、经济状况和借款用途的调查；③担保情况的调查。对借款申请人所在学校情况的调查发生在此之前的"定学校"阶段，不属于本阶段的内容。

52．【答案】　A

【解析】在商业助学贷款中，借款人和自然人保证人的工作单位及通信方式发生变更或法人保证人的法律关系、性质、名称、地址等发生变更时，借款人应提前30天通知贷款银行，借款双方应签订借款合同修正文本和保证合同修正文本。

53．【答案】　D

【解析】D项属于贷款签约流程中的程序。

54．【答案】　D

【解析】个人汽车贷款的信用风险主要表现为借款人还款能力的降低和还款意愿的变化。此外，借款人的信用欺诈和恶意逃债行为也是对贷款资金安全威胁很大的信用风险。内部欺诈是巴塞尔委员会规定的操作风险事件类型之一。

55．【答案】　B

【解析】个人汽车贷款实行"设定担保，分类管理，特定用途"的原则。其中：①设定担保，是指借款人申请个人汽车贷款需提供所购汽车抵押或其他有效担保；②分类管理，是指按照贷款所购车辆种类和用途的不同，对个人汽车贷款设定不同的贷款条件；③特定用途，是指个人汽车贷款专项用于借款人购买汽车，不允许挪作他用。

56．【答案】　D

【解析】所购车辆为自用车的，贷款额度不得超过所购汽车价格的80%，即最大贷款额度为 $30 \times 80\% = 24$（万元）；因此，最低首付应该缴纳 $30 \times 20\% = 6$（万元）。

57．【答案】　A

【解析】以房地产作抵押的，抵押物必须符合《担保法》及最高人民法院《关于适用〈中华人民共和国担保法〉若干问题的解释》等有关规定，并且产权明晰、价值稳定、变现能力强、易于处置。A项，银行不能接受被重复抵押的抵押物。

58．【答案】　B

【解析】A项，每笔贷款只可以展期一次，展期期限不得超过1年，展期之后全部贷款期限不得超过贷款银行规定的最长期限，同时对展期的贷款应重新落实担保；C项，所购车辆为自用车的，贷款额度不得超过所购汽车价格的80%；D项，"间客式"运行模式是"先买车，后贷款"。

59. 【答案】 A

【解析】以第三方保证方式申请商业助学贷款的，保证人和贷款银行之间应签订"保证合同"，第三方提供的保证为不可撤销的连带责任保证。

60. 【答案】 D

【解析】商业助学贷款发放后，对借款人贷后的检查的主要内容有三方面：①借款人是否按期足额归还贷款；②借款人的住所、联系电话有无变动；③有无发生可能影响借款人还款能力或还款意愿的突发事件，如卷入重大经济纠纷、诉讼、仲裁程序，借款人的身体状况恶化或突然死亡等。

61. 【答案】 C

【解析】C项是申请国家助学贷款需要提交的材料。商业助学贷款面向的对象既包括贫困学生，也包括非贫困学生，因而无需提供证明借款人家庭经济贫困的有关材料。

62. 【答案】 D

【解析】农村金融机构应当要求借款人当面签订借款合同及其他相关文件，需担保的应当当面签订担保合同。采取指纹识别、密码等措施，确认借款人与指定账户真实性，防范顶冒名贷款问题。

63. 【答案】 D

【解析】对于因自然灾害、农产品价格波动等客观原因造成借款人无法按原定期限正常还款的，由借款人申请，经农村金融机构同意，可以对还款意愿良好、预期现金流量充分、具备还款能力的农户贷款进行合理展期，展期时间结合生产恢复时间确定。已展期贷款不得再次展期，展期贷款最高列入关注类进行管理。

64. 【答案】 D

【解析】个人商用房贷款期限最短为1年（含），最长不超过10年。

65. 【答案】 C

【解析】个人商用房贷款须采取受托支付的方式，借款人须委托贷款经办行将贷款资金支付给符合合同约定用途的借款人交易对象。

66. 【答案】 D

【解析】申请个人经营贷款，借款人需提供一定的担保措施，包括抵押、质押和保证三种方式。采用抵押担保方式的，贷款期限不得超过抵押房产剩余的土地使用权年限，贷款金额最高不超过抵押物价值的70%。

67. 【答案】 B

【解析】贷款受理人应要求商用房贷款申请人按银行要求提交相关申请材料，其中包括个人收入证明：如个人纳税证明、工资薪金证明、在银行近6个月内的平均金融资产（含存款、国债、基金）证明等。B项属于消费支出，不能作为收入证明。

68. 【答案】 A

【解析】农村金融机构要建立优质农户与诚信客户正向激励制度，对按期还款、信用良好的借款人采取优惠利率、利息返还、信用累积奖励等方式，促进信用环境不断改善。

69. 【答案】 D

【解析】农村金融机构应当建立贷后定期或不定期检查制度，农村金融机构风险管理部门、审计部门应当对分支机构贷后管理情况进行检查。

70. 【答案】 D

【解析】个人经营贷款的还款方式有多种，比较常用的是等额本息还款法、等额本金还款法和到期一次还本法三种。在贷款期限内，借款人可根据实际情况，提出变更还款方式。但由于各种还款方式需要遵循不同的计息规定，因此，还款方式变更需要根据银行的有关规定执行。

71. 【答案】 A

【解析】如果对个人信用报告中其他基本信息有异议，最简便的方法就是个人到与个人有业务往来的商业银行更新、更正个人信息，商业银行会在下一次报送数据时报送个人更新、更正过的信息。相应地，个人在个人信用数据库的基本信息也会得到更新或更正。

72. 【答案】 A

【解析】A项，征信服务中心可以根据个人申请有偿提供其本人的信用报告，但必须核实申请人身份。

73. 【答案】 C

【解析】商业银行各级用户应妥善保管用户密码，至少两个月更改一次密码，并登记密码变更登记簿。各查询用户的用户名及密码仅限本人使用、严禁他人使用或将密码告知他人。

74. 【答案】 C

【解析】根据《关于规范商业性个人住房贷款中第二套住房认定标准的通知》的规定，如因当地暂不具备查询条件而不能提供家庭住房登记查询结果的，借款人应向贷款人提交家庭住房实有套数书面诚信保证。贷款人查实诚信保证不实的，应将其记作不良记录。

75. 【答案】 C

【解析】根据《关于加强商业性房地产信贷管理的通知》，对政府土地储备机构的贷款应以抵押贷款方式发放，且贷款额度不得超过所收购土地评估价值的70%，贷款期限最长不得超过2年。

76. 【答案】 B

【解析】根据《商业银行房地产贷款风险管理指引》第三十八条，商业银行应区别判断抵押物状况。抵押物价值的确定以该房产在该次买卖交易中的成交价或评估价的较低者为准。

77. 【答案】 C

【解析】C项，二手车是指从办理完机动车注册登记手续到规定报废年限一年之前进行所有权变更并依法办理过户手续的汽车。

78. 【答案】 C

【解析】C项，交叉营销的立足点不是放在争取新客户上，而是把工夫花在挽留老客户上，一个客户拥有银行的产品越多，被挽留的机会就越大。

79. 【答案】 A

【解析】对购买首套自住房且套型建筑面积在90平方米以上的，贷款首付款比例不得低于30%。抵押物价值的确定以该房产在该次买卖交易中的成交价或评估价的较低者为准。

因此银行发放该笔贷款最多不得超过 100×70% = 70（万元）。

80. 【答案】 B

【解析】商业用房购房贷款首付款比例不得低于 50%，期限不得超过 10 年，贷款利率不得低于中国人民银行公布的同期同档次利率的 1.1 倍，具体的首付款比例、贷款期限和利率水平由商业银行根据贷款风险管理相关原则自主确定；对以"商住两用房"名义申请贷款的，首付款比例不得低于 45%，贷款期限和利率水平按照商业性用房贷款管理规定执行。

二、多项选择题

1. 【答案】 DE

【解析】问答式分析是指根据客户对所提问题的回答准确程度判断其是否为本人申请贷款同时核对客户相关信息，通过综合分析判断其资信状况与还款能力。常见的问答分析形式包括在网站上设置问卷、对客户进行电话访谈等。

2. 【答案】 ADE

【解析】BC 两项是信用卡背面的内容。

3. 【答案】 AE

【解析】B 项，如果预期未来收入呈递增趋势，可选择等比递增法，减少提前还款的麻烦；如果预期未来收入呈递减趋势，则可选择等比递减法，减少利息支出；C 项，还款期间，每个阶段约定偿还的本金在规定的年限中按等额本息的方式计算每月偿还额，未归还的本金部分按月计息，两部分相加即形成每月的还款金额；D 项，按月还息、到期一次性还本还款法，即在贷款期限内每月只还贷款利息，贷款到期时一次性归还贷款本金，此种方式一般适用于期限在 1 年以内（含 1 年）的贷款。

4. 【答案】 CDE

【解析】对于贷款期限在 1 年以上的个人贷款，合同期内遇法定利率调整时，贷款利率可由借贷双方按商业原则确定，可在合同期间按月、按季、按年调整，也可采用固定利率的确定方式。

5. 【答案】 ABCD

【解析】网点机构是银行业务人员面向客户销售产品的场所。其营销渠道主要包括：①全方位网点机构营销渠道；②专业性网点机构营销渠道；③高端化网点机构营销渠道④零售型网点机构营销渠道。

6. 【答案】 CDE

【解析】AB 两项属于宏观环境分析的内容。

7. 【答案】 CDE

【解析】在实施零售贷款风险监控过程中，充分考虑不同风险评级客户的风险程度不同，按照差别管理、动态管理、重点关注的原则进行管理。

8. 【答案】 ABCD

【解析】押品日常管理控制是指对押品权证保管及其出入库流程进行规范管理来保证权证的安全。需要关注保管权证的完整性、完好性，防范出现权证毁损、遗失、过期、失效等重大风险事件及权证被抵（质）押人借出擅自用于解除担保、重复抵质押的风险。具体措施包括权证的管理、出入库的管理、台账的建立与日常监控等内容。

9. 【答案】 BDE

【解析】在行为评分的应用方面，一些规模较大的银行已基本完成了工具开发和系统平台搭建，积累了一定应用经验，具体包括：①零售分池；②信用卡额度调整；③贷后风险监控。AC 两项为申请评分的应用。

10. 【答案】 ACD

【解析】申请评分卡决策所依据的关键信息可以分为以下三类：①客户基本信息，包括客户的基本情况、工作情况、经济收入情况、社会保障情况、其他信用情况等；②客户关系信息，主要分为存款类信息和贷款类信息；③个人征信信息，包括银行信用记录、社会保障数据、各类缴费情况、其他不良记录等。

11. 【答案】 DE

【解析】贷款人应当按照借款合同约定，通过贷款人受托支付或借款人自主支付的方式对贷款资金的支付进行管理与控制。其中，贷款人受托支付是指贷款人根据借款人的提款申请和支付委托，将贷款资金支付给符合合同约定用途的借款人交易对象；借款人自主支付是指贷款人根据借款人的提款申请将贷款资金直接发放至借款人账户，并由借款人自主支付给符合合同约定用途的借款人交易对象。

12. 【答案】 BCDE

【解析】除 BCDE 四项外，个人贷款申请还应具备以下条件：①借款人为具有完全民事行为能力的中华人民共和国公民或符合国家有关规定的境外自然人；②贷款人要求的其他条件。

13. 【答案】 ACDE

【解析】合作机构的历史信用记录虽然代表过去，但可以从中看出一个企业的信用状况。对合作机构的历史信用记录，一方面，可以查看外部监管记录：在建设、工商、税务等国家管理部门及金融机构、司法部门查看合作机构有无不良记录。另一方面，也可以查看合作机构与银行历史合作的信用记录。

14. 【答案】 ABCD

【解析】E 项属于贷款签约和发放中的风险。

15. 【答案】 ABC

【解析】D 项，如果借款人是老客户，通常可以通过检查其以往的账户记录、还款记录以及当前贷款状态，了解其还款意愿，而如果是新客户，往往可以通过职业、家庭、教育、年龄、稳定性等个人背景因素来综合判断；E 项，防范个人住房贷款违约风险须特别重视把握借款人的还款能力，改变以往"重抵押物、轻还款能力"的贷款审批思路。

16. 【答案】 ABCE

【解析】房地产估价原则包括：①合法原则；②最高最佳使用原则；③估价时点原则；④替代原则；⑤公平原则。

17. 【答案】 BCE

【解析】A 项，房产税由产权所有人缴纳；D 项，产权未确定及典租纠纷未解决的，由房产代管人或者使用人缴纳。

18. 【答案】　CD

【解析】C项，丙某主要靠租金还款，银行应侧重分析其收入来源的合法性、稳定性和可靠性；D项，丁某在股份有限公司为领导且为公司的股东，银行除考虑其工资收入外，还应考虑其职务、身份、所在公司收入的稳定性等。

19. 【答案】　ABC

【解析】D项，以第三方保证方式申请商业助学贷款的，保证人和贷款银行之间应签订"保证合同"，第三方提供的保证为不可撤销的连带责任保证；E项，对于采用保证方式的，保证人应具备品质良好、有合法稳定的收入来源及与借款人同城户籍等条件，原则上不允许同学之间互保。

20. 【答案】　ABDE

【解析】C项，保证担保的责任范围包括贷款本金及利息、违约金、损害赔偿金和实现债权的费用等。

21. 【答案】　ACDE

【解析】B项，借款人在贷款到期日的实际年龄不得超过55周岁。

22. 【答案】　ABC

【解析】借款人变更还款方式，需要满足如下条件：①应向银行提交还款方式变更申请书；②借款人的贷款账户中没有拖欠本息及其他费用；③借款人在变更还款方式前应归还当期的贷款本息。

23. 【答案】　ACDE

【解析】个人车贷业务中，对于提前还款，银行一般有以下基本约定：①借款人应向银行提交提前还款申请书；②借款人的贷款账户未拖欠本息及其他费用；③提前还款属于借款人违约，银行将按规定计收违约金；④借款人在提前还款前应归还当期的贷款本息。

24. 【答案】　BCDE

【解析】贷款审查应对贷前调查人提交的个人经营贷款调查审查审批表、贷款调查内容的合法性、合理性、准确性进行全面审查，重点关注调查人的尽职情况和借款人的偿还能力、诚信状况、担保情况、抵（质）押比率、风险程度等，分析贷款风险因素和风险程度，调查意见是否客观，并签署审批意见。

25. 【答案】　BCD

【解析】个人经营贷款采用质押担保的，可接受自然人（含第三人）名下的各家银行存单及国债作为质物，相关规定按照个人质押贷款管理办法相关规定执行。

26. 【答案】　ABCE

【解析】贷款审批人应根据审查情况签署审批意见，对未获批准的贷款申请，应写明拒批理由；对需补充材料后再审批的，应详细说明需要补充的材料名称与内容；对同意或有条件同意贷款的，如贷款条件与申报审批的贷款方案内容不一致的，应提出明确的调整意见。贷款审批人签署审批意见后，应将审批表连同有关材料退还业务部门。对未获批准的贷款申请，贷款人应告知借款人，贷款签批人不得同意发放。

27. 【答案】　ACDE

【解析】B项，应由贷前调查人提出是否同意贷款的明确意见。

28. 【答案】 BE

【解析】如果异议信息确实有误,但因技术原因暂时无法更正的,征信服务中心应对该异议信息做特殊标注,以有别于其他异议信息,并在书面答复中予以说明,待异议信息更正后,提供更正后的信用报告。

29. 【答案】 AC

【解析】公民个人可以到中国人民银行征信中心或当地的分中心申请查询本人的信用报告或代理他人查询信用报告。

30. 【答案】 ACDE

【解析】个人贷款业务的客户应当是具有完全民事行为能力的自然人,以及无民事行为能力人、限制民事行为能力人的法定代理人。其中,十八周岁以上的公民是成年人,具有完全民事行为能力,可以独立进行民事活动,是完全民事行为能力人;十六周岁以上不满十八周岁的公民,以自己的劳动收入为主要生活来源的,视为完全民事行为能力人。

三、判断题

1. 【答案】 A

【解析】互联网个人贷款面临的行业风险是指贷款投向的行业发展趋势不明朗或整体环境趋于恶化导致的风险,本质上是由行业波动导致的一种信用风险。

2. 【答案】 B

【解析】网络借贷包括个体网络借贷(即P2P网络借贷)和网络小额贷款。个体网络借贷是指个体和个体之间通过互联网平台实现的直接借贷。网络小额贷款是指互联网企业通过其控制的小额贷款公司,利用互联网向客户提供的小额贷款。

3. 【答案】 A

【解析】在选择目标市场时,银行必须从自身的特点和条件出发,考虑到目标市场是否符合银行的目标和能力。某些细分市场虽然有较大吸引力,但不能推动银行实现发展目标,甚至分散银行的精力,使之无法完成其主要目标,这样的市场应该考虑放弃。

4. 【答案】 B

【解析】押品价值评估包括贷款发放前对押品价值的初次评估、贷款发放后对押品价值的重新评估和不良贷款项下的押品评估三种情形。

5. 【答案】 A

【解析】信用卡行为评分卡已经用于信用卡额度调整的自动审批,包括主动调额和被动调额。额度调整的基本思路是:根据一定规则,每个月末自动计算各个信用卡客户的"影子信用额度",如果客户申请的信用额度低于影子额度,则可以自动通过客户的额度调整申请。

6. 【答案】 B

【解析】采用保证担保方式的,保证人应与贷款银行签订保证合同。保证人为借款人提供的贷款担保为全额连带责任保证,借款人之间、借款人与保证人之间不得相互提供保证。

7. 【答案】 A

【解析】国家助学贷款的利率执行中国人民银行规定的同期限贷款基准利率,不上浮。

如遇中国人民银行调整贷款利率，执行中国人民银行的有关规定。

8.【答案】 B

【解析】原则上，个人经营贷款银行经办人员应直接参与抵押手续的办理，不可完全交由外部中介机构办理。

9.【答案】 B

【解析】商业银行各查询用户的用户名及密码仅限本人使用、严禁他人使用或将密码告知他人。

10.【答案】 A

【解析】个人征信系统在提高审贷效率、方便广大群众借贷、防止不良贷款、防止个人过度负债以及根据信用风险确定利率水平方面发挥了积极的作用。

四、综合题

1.（1）【答案】 A

【解析】个人住房贷款的期限最长可达30年。对于借款人已离退休或即将离退休的，贷款期限不宜过长，一般男性自然人的还款期限不超过65岁，女性自然人的还款年限不超过60岁。符合相关条件的，男性可放宽至70岁，女性可放宽至65岁。王涛为男性，今年47岁，因此其可申请的最长贷款期限为70－47＝23（年）。

（2）【答案】 64.8

【解析】对贷款购买第二套住房的家庭，首付款比例不低于60%。所以，王涛应支付的最低首付款金额为：1.2×90×60%＝64.8（万元）。

（3）【答案】 2737

【解析】等额本息还款法是指在贷款期内每月以相等的额度平均偿还贷款本息。每月还款额计算公式为：每月还款额 $= \dfrac{月利率 \times (1+月利率)^{还款期数}}{(1+月利率)^{还款期数}-1} \times 贷款本金$。其中，月利率＝4.9%×1.1/12≈0.45%，还款期数＝23×12＝276，贷款本金＝1.2×90－64.8＝43.2（万元）。所以，每月还款额 $= \dfrac{0.45\% \times (1+0.45\%)^{276}}{(1+0.45\%)^{276}-1} \times 43.2 \approx 2737$（元）。

（4）【答案】 5834

【解析】商业银行应着重考核借款人还款能力。应将借款人住房贷款的月房产支出与收入比控制在50%以下（含50%），月房产支出与收入比的计算公式为：（本次贷款的月还款额＋月物业管理费）/月均收入所以，月均收入：（本次贷款的月还款额＋月物业管理费）/50%＝（2737＋90×2）/50%＝5834（元）。

（5）【答案】 ABC

【解析】目前二手房交易需缴纳的税费包括：契税、印花税、土地出让金、转移登记费、交易手续费、营业税及附加（房屋购买未满两年）、个人所得税。

（6）【答案】 B

【解析】未成年人作为无民事行为能力人或限制民事行为能力人，不能以贷款方式购买房屋。银行不宜办理房屋惟一产权人为未成年人的住房贷款申请，而应该由未成年人及其法定监护人共同申请。

2. （1）【答案】 C

【解析】在不实施"限购"措施的城市，居民家庭首次购买普通住房的商业性个人住房贷款，原则上最低首付款比例为25%，各地可向下浮动5个百分点，故全部住房的最高贷款额为 $1.2\times20\times80\%=19.2$（亿元）；个人商用房贷款的贷款额度不得超过所购商用房价值的50%，故全部商铺的最高贷款额为 $2.4\times20\times50\%=24$（亿元）；所购商用房为商住两用房的，贷款额度不得超过所购商用房价值的55%，故全部公寓的最高贷款额为 $1.8\times10\times55\%=9.9$（亿元）。银行对该项目最多可发放 $19.2+24+9.9=53.1$（亿元）按揭贷款。

（2）【答案】 ABDE

【解析】商用房贷款中，银行应加强对开发商和合作项目的审查。重点审查开发商的资质、资信等级、领导层的信誉及管理水平、资产负债及盈利水平；已开发项目建设情况、销售情况、履行保证责任的意愿及能力、是否卷入诉讼或纠纷、与银行业务合作情况；项目开发及销售的合法性、资金到位情况、工程进度情况以及市场定位和销售前景预测等。

（3）【答案】 B

【解析】市场法适用的对象是交易活跃的房地产，如房地产开发用地、商品住宅、写字楼、商场、标准工业厂房等；成本法特别适用于那些既无收益又很少发生交易以及有独特设计需要的房地产的估价；收益法适用的对象是有收益或有潜在收益的房地产，如商店、写字楼、公寓、旅馆、影剧院、停车场、标准厂房等，它不限于估价对象本身现在是否有收益，只要其所属的这类房地产有获取收益的能力即可。